DOUZE MÈTRES CUBES DE LITTÉRATURE

Nouvelles

ROLAND FUENTÈS

DOUZE MÈTRES CUBES DE LITTÉRATURE

Préface d'Abdelkader Djemaï

ÉDITIONS DU
ROCHER
Jean-Paul Bertrand

ISBN 2 268 04911 6

PRÉFACE

Roland Fuentès, qui pratique la natation avec conviction, n'aime pas pour autant les longueurs. Sa prose, à l'élégance musclée, fait de lui un nouvelliste qui ne manque pas d'énergie et d'endurance. Ses personnages n'évoluent pas dans l'eau, ils peuvent à l'occasion sécréter du lait de nourrisson, à gros flots et par tous les pores. Cette performance arrive sans crier gare à François Dalloz, un tailleur de diamants de Saint-Claude, où réside notre auteur. Ce brave homme portant un patronyme qui pourrait être raide comme la loi inspire à son épouse et au lecteur une tendresse étonnée, presque maternelle. Mais tout le monde, hélas, ne peut pas adorer le lait. Le curé du coin lui interdira son église sous prétexte que cette boisson est maléfique. Elle avait le tort d'« égayer les gens en permanence ».

Nourries aux fines herbes de la poésie et de l'insolite, les histoires de Roland Fuentès ont une gravité légère et ludique. Celle de Plavnik, qui ouvre le recueil, s'applique à mettre à l'endroit la Tante en Biais dont le corps penche de travers. Dans un autre texte, un œuf se met à ronronner avant d'aspirer la mémoire de l'univers. On ne se méfie jamais assez de ce qui est petit, blanc, ovale, et qui contient une aiguille.

Après le monde des objets qui semble beaucoup l'intéresser, notre auteur se penche sur celui des hommes où tout n'est pas toujours évident, car son seul désir, dit-il, est de poser des questions, de proposer une vision décalée, inattendue, de ce qui l'entoure et de ce qu'il voit. Le recul lui apparaît salutaire. Sans doute, ajoute-t-il, grâce au sport qui est avant tout un jeu.

Entre l'absurde et le fantastique se succèdent d'autres aventures tout aussi déroutantes. Dans une bibliothèque, Amadeo Lutti fait la découverte d'un ouvrage surprenant ; la nombreuse famille Pantois s'adonne, au musée de l'Histoire, à un mystérieux travail d'observation et de recension ; une voyageuse avec valise débarque un jour à l'*Hôtel du Chemin*, enflamme le village et l'imagination des hommes et des femmes condamnés désormais à s'épier éternellement dans un paysage de garrigues.

Les animaux sont aussi de la partie. Les chiens, les singes, et une taupe se faufilent au cœur de trois récits où se mêlent l'érotisme, le réel, et l'onirisme pour nous conter des histoires fusionnelles qui n'ont rien à voir, cependant, avec la zoophilie.

Les prairies qui volent et les paysages qui fuient traversent ces chassés-croisés où le rêve sert de point d'équilibre.

Le monde de Roland Fuentès, qui pratique aussi l'humour et la bande dessinée, est ainsi fait : il nous surprend par sa douce tranquillité, même si des cataclysmes effacent en une seconde hommes et maisons et que les mémoires se cognent aux pierres de la vie ou aux vents mauvais de l'Histoire. Le nouvelliste ne juge pas. Il préfère prendre le parti de la cocasserie et de l'étrange. Ses filiations, il les situe du côté d'Italo Calvino, de Ray Bradbury, de Georges-Olivier Châteaureynaud, des romantiques allemands. Ce gourmand des mots admire également Rabelais.

Professeur d'allemand et animateur de la revue *Salmigondis*, Roland Fuentès nous avoue avoir, grâce à une souscription, publié jusque-là quatre plaquettes tirées à quelques dizaines d'exemplaires. Ce qui lui a permis – je le cite – « de les refourguer à sa sœur, à sa mère, aux copines de sa mère, à son cousin, à sa grand-mère, et à quelques copains magnanimes ».

Moi, qui ne sais pas nager, je me permets, avec les autres membres du jury du Prix Prométhée, de le rassurer, ses *Douze mètres cubes de littérature* sont de bonne facture et méritent de rencontrer un public plus large et plus varié.

Je ne connais pas Roland Fuentès, mais nous avons en commun d'être natifs, à deux décennies près, de la même ville, Oran qui tourne, selon Camus, le dos à la mer. Cela n'empêche pas notre jeune auteur – il est né en 1971 – d'avoir des accents méditerranéens pour nous narrer les trajectoires de Juanito de Beni Saf et de Lahouari de Misserghin, une petite localité près d'Oran où j'allais, enfant, chaparder en bande des clémentines, une variété qui doit le jour à l'ingéniosité du père Clément. J'ai encore dans le nez leur odeur parfumée. Elle me fait penser à François Dalloz et à « cette légère odeur de nourrisson, là, derrière l'oreille, à l'endroit où la chair demeure au fil des ans la plus tendre et la plus fraîche ».

Abdelkader Djemaï

PLAVNIK

De mon enfance avec les rêves me revient un souvenir aigre-doux qui fait pleurer mes yeux d'étrange façon. Du droit s'écoulent des larmes amères, solennelles, qui laissent une saveur acide sur le bout de ma langue ; du gauche, ce sont des gouttes hilares, au débit spasmodique, épicées lorsqu'elles se hasardent à cascader jusqu'à mes lèvres. Et c'est chaque fois l'image de la Tante en Biais qui les suscite. La pauvre Tante en Biais.

Il y avait chez nous, dans les années soixante, une dame vaguement parente par le jeu alambiqué d'alliances ancestrales, que nous employions pour deux sous à de menus travaux ménagers. La vieille fille était sèche comme du bois mort, et elle devait à la vie d'avoir poussé tordue. Son épaule gauche dépassait la droite d'une bonne demi-tête.

Il y avait aussi Plavnik, mon compagnon, qui ne mesurait guère plus qu'un pouce d'enfant et que j'étais seul à voir. Plavnik était fort comme un bœuf, il se faisait un devoir moral de venir à mon aide sitôt que les forces me manquaient. La famille tolérait son existence et – je dois aujourd'hui reconnaître que c'était par respect pour mon âge – demandait régulièrement de ses nouvelles, d'un ton faussement sérieux que je prenais pour argent comptant. De tous les adultes qui m'environnaient, la Tante en Biais affichait seule une profonde hostilité à son égard. Et lui s'en plaignait à moi, tout bas, terrifié à l'idée que je puisse un jour prendre parti contre lui. Je le rassurais par de grands sermons, et souvent, prétextant une faiblesse, je l'appelais à mon secours pour qu'il se sente utile.

Le mercredi, les parents partaient toute la journée ; je restais à la maison avec ma petite sœur, encore au berceau. Le grand frère, qui avait la tête folle et cassait tout ce qu'il tenait dans ses mains, maraudait en ville avec ses camarades. C'était la Tante en Biais qui nous gardait. Je n'ai jamais su dans quelles circonstances son infirmité s'était développée, mais il me semble que son animosité envers Plavnik en résultait. Pourquoi ? Ça non plus, je ne l'ai jamais su. Je l'ai juste ressenti, intimement. Il arrivait, durant ces mercredis, que la tante restât des heures à m'observer, pour intervenir si d'aventure je faisais mine de m'adresser à Plavnik. Elle en négligeait même la petite sœur qui devait pleurer deux fois plus fort pour que la Tante en Biais, m'adressant une œillade menaçante, m'enjoigne de la suivre jusqu'au berceau afin de pouvoir me surveiller.

Je n'ai jamais parlé de cela aux parents. Ni au grand frère, car j'avais une sainte peur qu'il lui vienne à l'esprit d'emporter Plavnik avec lui les mercredis. Le grand frère avait un cœur large, mais il était maladroit, et Plavnik, dont les muscles étaient capables de prouesses encore plus remarquables – eu égard à sa taille – que celles d'une fourmi, était malgré tout bien fragile.

La Tante en Biais émouvait mon compagnon, car il était plus âgé que moi et n'avait pas la rancune tenace. Il s'était mis en tête d'entreprendre quelque chose pour elle. Il avait même élaboré un plan qu'il me confia sitôt qu'il fut achevé. Durant toute une semaine, nous en répétâmes une à une les moindres étapes. M'apercevant si appliqué dans mes exercices, les parents arboraient un large sourire.

Le mercredi venu, la Tante en Biais prit sa place au milieu du salon, assise sur un vieux fauteuil pour tricoter, gardant un œil posé sur moi. En attendant le signal, je commençai de disposer mes cubes multicolores sur le tapis, simulant le début d'une grande partie de massacre. Plavnik tapota le bout de mon soulier pour m'indiquer que je pouvais entrer en scène. Et tandis que j'imitais à voix basse une conversation avec lui, mon compagnon, tel un éclaireur indien, se frayait en silence un passage entre les cubes. Furieuse, la tante m'enjoignit de me taire. Lorgnant du côté de Plavnik, je vérifiai qu'il était idéalement placé, amarré par les jambes au pied du fauteuil. Alors, le cœur battant, je repris mes simagrées, de manière à provoquer chez la tante un accès de colère. Elle se leva d'un bond, projetant dans les airs sa silhouette déséquilibrée, gesticula un instant comme pour retrouver de la stabilité, puis s'élança vers moi en criant. Rapide comme l'éclair, Plavnik empoigna le talon de sa chaussure gauche, qu'il retint fermement de ses deux bras tandis que ses jambes demeuraient rivées au fauteuil, si bien que la tante se figea, la jambe gauche en arrière, le buste penché vers moi en appui sur sa jambe droite. C'était selon Plavnik la position idoine pour effectuer l'opération. Mais il fallait opérer vite. Il tira d'un coup sec sur le membre gauche de la tante, afin de transmettre la secousse au haut du corps et dégripper ainsi son trapèze. L'ébranlement fut tel que l'ossature des épaules se débloqua, la droite flotta un instant, puis fut emportée beaucoup plus haut que prévu, inversant de ce fait le centre de gravité du corps tout entier. Plavnik laissa filer. La pauvre femme reprit appui sur ses deux jambes, et l'horreur nous saisit : la Tante en Biais penchait à gauche.

Je ne me souviens plus vraiment de la réaction des autres. Je sais que la tante demeura prostrée plusieurs semaines dans son appartement, où nous devions lui apporter des soupes. Puis elle apprivoisa ses nouveaux repères et retrouva sa place auprès de nous. À l'époque, j'étais très préoccupé par l'état de Plavnik, qui prenait tout sur lui : sa force ne lui obéissait plus comme avant. Une telle erreur de dosage avait de quoi être préoccupante. J'eus beau lui promettre de reconduire l'expérience dès que la tante serait remise, en testant un nouveau réglage, Plavnik avait perdu confiance en lui.

De cet instant-là il vieillit. Et les forces nouvelles que je prenais chaque jour accroissaient son sentiment d'inutilité. Il n'était pas dupe des efforts que je faisais pour feindre d'avoir besoin de son aide. Tandis que je prenais de la hauteur et du volume, Plavnik, lui, se ratatinait. Il ne mit bientôt plus les pieds hors de la chambre, demeura prostré dans un coin de mon pupitre. Je ne sais plus quand j'ai pris conscience de sa totale disparition, ni même si disparition il y a eu. Le fait est que Plavnik était devenu tellement petit que je ne pus bientôt plus rien distinguer de lui. S'il est encore en vie, je suppose qu'il doit poursuivre son chemin vers l'infiniment petit. Ce qui est sûr, c'est qu'il a dû dépasser en petitesse la taille de l'électron. Peut-être même a-t-il atteint celle du quark. Je ne sais pas si on peut devenir beaucoup plus petit qu'un quark, mais si tel est le cas, je souhaite à Plavnik d'y parvenir un jour.

LE NOURRISSON

La première fois que cela se produisit, les meilleurs experts en miracles, sortilèges et diableries ne trouvèrent aucune explication convaincante. Les témoins de la scène demeurèrent très marqués, au point qu'ils formaient – face à l'incrédulité générale – une communauté de mémoire toute allouée au souvenir de l'événement. Une communauté dont les liens demeurèrent encore étroits bien après que la chose fut reconnue de tous.

Une âme raisonnable ne peut guère accepter entièrement ces choses-là. Tout au plus peut-elle les admettre, face à l'évidence, comme les premiers scolastiques prétendaient accueillir les mystères chrétiens. Il faut bien reconnaître ici qu'aucun esprit fort n'aurait pu imaginer que François Dalloz, tailleur de diamants à Saint-Claude, en viendrait un jour à transpirer du lait.

C'est au cours d'une transaction avec un roitelet allemand ruiné que l'austère artisan ressentit les premiers symptômes. Le nobliau, dont les biens tenaient tout entiers dans un territoire guère plus vaste qu'un terrain de jeu de paume, s'entêtait à marchander, pour la dot de sa fille, une pièce dont la moitié aurait suffi à le laisser sur la paille. Tout à son affaire, le vieillard ne remarqua pas la mine tourmentée du lapidaire. François, gagné de vertiges, prit appui sur son établi, porta la main à sa nuque. De la sueur perlait sur son front, sur ses tempes, sur ses joues chauffées tel un soufflet de forge. Puis cela jaillit. Comme d'une source. Cela montait du dedans de lui. Cela éclaboussait les meubles, les murs, les tentures de l'échoppe. Et c'était blanc. Blanc comme la neige. « Himmelgott ! » s'écria le vieil homme en apercevant le lapidaire englué dans cette sécrétion, et dont les yeux exprimaient une stupeur sans limites. Cela coulait de lui, comme si toute sa vie s'en allait là, par ses pores. Et tandis que la maisonnée poussait les hauts cris, François Dalloz se laissait envahir par une douce torpeur ; un sentiment qui ramenait devant ses yeux des lambeaux frétillants de secrets enfouis. Des pièces entières d'impressions, de sensations, et qui étaient sans doute l'héritage des premiers moments de son existence. Il perdit connaissance, avec dans ses narines et sur son palais le goût du lait maternel.

Le calme revenu, on s'approcha prudemment du comptoir. Et il fallut bien admettre que l'homme qui dormait là venait de produire du lait.

Le lapidaire recouvra ses esprits. C'était dans une chambre bleue. Ou rose. Mais force fut de constater qu'il n'était plus le même. Outre cet air d'enfant songeur que l'on put lire à même ses traits, on lui trouva moins d'entrain, moins de constance et surtout moins d'adresse au métier. Parce que le chant du coq ne l'éveillait plus, certains clients matinaux se plaignirent d'attendre à la porte de son atelier. La qualité de ses œuvres diminua sans qu'il en parût affecté, et son commerce périclitant ne le souciait guère. Tout autre eût connu des nuits blanches à se ronger les sangs. Lui ronflait à luette déployée ; un signe qui dans sa famille avait toujours attesté une bonne santé morale.

Ce fut alors comme si la ville de Saint-Claude abritait en son sein le plus beau monument d'indifférence que la Terre ait porté. Car les sarcasmes de ses anciens confrères ne parvenaient plus à infléchir la courbe de son sourire. Et ce croissant parfait plaqué sur ses lèvres était devenu un organe, une partie désormais indissociable de son visage.

Il ne se montra pas insensible toutefois aux réactions de son épouse. Celle-ci lui décela, dans les jours qui succédèrent à l'événement, une odeur de nouveau-né, là, juste en dessous de l'oreille. À l'endroit où la chair demeure, au fil des ans, la plus tendre et la plus fraîche. Chaque matin, Mme Dalloz fourrait son petit nez fripon sous le lobe aimé, et elle attendait, comblée, que son tailleur s'éveille.

Et puis cela lui reprit. Encore plus fort que la première fois. Son commerce agonisant ne l'accaparait plus et une lourde hypothèque pesait sur la maison. Or il arriva qu'un matin, Dalloz ne parvint pas à se lever. Maryse, qui ne dormait plus depuis l'aube, et qui s'était tenue toute coite dans l'odeur aimée, ne pouvait demeurer couchée plus longtemps. Elle s'aperçut que son époux ne dormait pas non plus. Il braquait son regard sur le ciel de lit et le sourire semblait s'être encore élargi. De son corps écarlate montait l'odeur forte, enivrante, du lait de nourrisson. À la surface de la peau, de petits *tumulus* s'agitaient, comme si son épiderme entrait en ébullition. Le phénomène se reproduisit.

Maryse était médusée par la densité du flot qui imbibait les draps, éclaboussait les tapisseries, se déversait avec force sur le parquet. Recouvrant son esprit pratique, elle s'empressa de disposer plusieurs baquets de part et d'autre du lit.

Le flot s'intensifia encore, si bien que les récipients furent vite remplis, tandis qu'au milieu de la chambre, sur une mare blanche, flottait un sourire béat. Démesuré.

La crise passée, Dalloz sauta au bas du lit, pataugea en chancelant jusqu'à la cuisine et se jeta sur la miche de pain qui trônait sur la table. Il eut tôt fait de lui porter un coup décisif. L'instant d'après, plus aucun symptôme n'apparaissait. Ses joues, à peine rosées, encadraient un sourire parfait que Maryse, postée dans l'encadrement de la porte, ne se lassait pas de contempler.

Le breuvage était excellent. On attendit avec impatience la crise suivante. Elle éclata trois jours plus tard, à la satisfaction générale. Les baquets se remplirent, débordèrent, et le liquide se déversa dans toute la maison sans dissiper le sourire de François ni la bonne humeur de Maryse.

Une évidence s'imposa : il fallait moderniser l'installation. On suréleva le lit afin de disposer sous lui une cuve aux dimensions de la pièce.

La première distribution générale eut lieu à l'intérieur même du domicile conjugal. Seuls les plus proches parents, amis et voisins y furent conviés. Chacun reçut une petite quantité de lait. Et tous ceux qui en absorbèrent se parèrent par la suite d'un sourire immense. Il gagna tous les convives, fendant les visages d'une oreille à l'autre, allumant les regards d'un éclat nouveau. En retour, le couple fut comblé de cadeaux. Qui leur fit don d'une poule, qui d'un cochon, qui d'une laitue.

Les crises se produisirent de plus en plus fréquemment et on ne lésina plus dès lors à distribuer le liquide en place publique. Les plus commerçants des commerçants, qui considéraient d'abord cette activité d'un œil sceptique – car un tel troc désorganisait la logique fragile de leur commerce – y trouvèrent aussi leur compte sitôt qu'ils eurent absorbé la première gorgée. À la fin de la saison la ville entière souriait.

Seul le curé demeurait réfractaire à la chose. Il tenait la boisson pour maléfique. Un bonheur ainsi affiché ne pouvait être que malsain. Dalloz, qui pourtant fréquentait assidûment l'église, et ne pensait pas que son don pût être étranger à la volonté divine, se vit interdire l'entrée du sanctuaire. L'imposant édifice, bardé de murailles, de tourelles, de lucarnes fortifiées, pesait alors comme un poids mort sur son cœur. Se pouvait-il que Jésus-Christ, qui avait redonné le sourire à tant de malheureux, voie d'un œil jaloux s'accomplir les miracles d'un simple tailleur de diamants ? François, qui malgré tout demeurait irréductiblement pieux, se résolut à chercher loin de Jésus-Christ les raisons de son bonheur.

Bannissant tous les laitages, fromages, fondues et beurre de son alimentation, le curé demeurait cloîtré de jour comme de nuit dans son antre, qu'il ne réservait plus qu'aux fidèles. Encore leurs visages radieux le faisaient-ils fuir jusqu'au fond de la sacristie, d'où il administrait son sermon en levant les yeux au ciel.

L'information se propagea peu dans le voisinage. Tapie au fond d'une gorge étroite, la ville se trouvait naturellement protégée d'un commerce trop abondant. Il est probable aussi que certains aient voulu garder jalousement ce trésor de bonheur. Seuls quelques proches hameaux bénéficiaient d'un approvisionnement régulier.

Peu à peu, un changement nouveau s'opéra sur tous les habitants. En des moments imprévus, ceux-ci se mirent à lancer sans raison des petits rires. Des gloussements leur échappaient subitement, si bien qu'à certaines heures du jour les rues, les maisons et les places se couvrirent de pépiements joyeux.

Un dimanche, les battants de la cathédrale s'écartèrent sur une salle enluminée par le sourire du prêtre. Le dernier habitant de Saint-Claude venait d'être gagné à la cause du tailleur de diamants. Toute la ville fut conviée au prêche, et on envoya chercher Dalloz qui, ému, prit sa place dans la première rangée de bancs. Le curé introduisit son sermon par un rire aigu, qui s'amplifia ensuite par des trilles dont les notes ricochèrent contre les hautes parois de la cathédrale. Aussitôt suivi par une salve fournie émanant des bancs de l'assistance, le rire gigantesque s'éleva en force le long des murs, cascada sous les voûtes, menaçant de faire voler en éclats la lourde assise du toit. Le prêche s'acheva sur une clameur aiguë qui semblait unir en sa seule voix l'âme d'un peuple entier de nourrissons, et dont l'écho résonna encore bien après que les portes du monument furent fermées derrière les derniers sortants.

Aussi inexplicablement qu'il avait débuté, le phénomène cessa. François Dalloz devint stérile. Les visites s'espacèrent, les sourires s'estompèrent. Chacun retrouva son activité comme il l'avait quittée. François Dalloz lui-même reprit la taille du diamant, et, si ses affaires ne retrouvèrent jamais leur prospérité passée, elles lui procurèrent néanmoins de quoi vivre décemment. Ses relations avec ses concitoyens n'en souffrirent pas ; c'était comme si rien n'avait eu lieu. Les austères étaient redevenus austères, les boudeurs boudeurs et les joyeux joyeux. À peine pouvait-on remarquer, lorsqu'il croisait quelqu'un dans la rue, une expression fugitive de reconnaissance dans le regard de l'autre.

Lui conserva au moins une chose de l'aventure, et qui chaque jour entretenait la flamme de son épouse : cette légère odeur de nourrisson, là, derrière l'oreille, à l'endroit où la chair demeure au fil des ans la plus tendre et la plus fraîche.

… OÙ ELLES VIVENT À PRÉSENT

Arrivée sans bagages, elle avait pris pension à l'*Hôtel du Chemin*, en contrebas des garrigues. Cette masure aux couleurs fondues, au crépi écaillé, était bien le dernier endroit humanisé du village, déjà minéral dans le chaos des roches. En tout cas un lieu de culte pour nous, qui pouvions y observer des inconnus auréolés de l'étrangeté dont les avait parés la route.

Nous ne l'avions pas bien vue parce qu'une averse nous avait surpris aux abords de la gare et qu'il avait fallu chercher refuge sous un porche. On avait juste remarqué sa jupe, beaucoup trop serrée, et qui la gênait dans sa course vers l'hôtel. Son visage – peut-être joli – disparaissait sous la masse ruisselante des cheveux. La pluie, l'obscurité, l'espoir de tromper l'ennui : il suffit de peu de chose pour croire aux mystères.

Trois jours plus tard une valise avait suivi.

Évidemment, nos instincts en alerte auraient voulu voir surgir de ce bagage une liasse de billets volés, une statuette bourrée de microfilms ou peut-être une corde à piano maculée de sang. Certains, que le bas-ventre travaillait plus que d'autres, auraient aussi espéré des chaînes, un bustier de cuir noir, des porte-jarretelles cloutés, un fouet, des menottes.

Elle était apparue sur le perron de l'hôtel, pâle devant le rectangle sombre de l'entrée, avait glissé un pourboire à l'employé des postes, puis avait disparu à l'intérieur avec la valise.

Il fallait que de la fille émanât une réelle attirance car le jour nous surprenait à toute heure à rôder près des garrigues. Les ruelles s'endimanchèrent. Ceux que l'on disait hirsutes, ventrus, chétifs ou sournois maquillèrent leur apparence au moyen de stratagèmes plus ou moins efficaces. Élégants messieurs vêtus d'étoffes parfumées, nous promenions des cannes à pommeau argenté, arguant de fallacieux prétextes pour déambuler du côté de l'hôtel.

Nos femmes se mirent à nous épier derrière les rideaux. Certaines nous suivaient de loin. Elles glissaient le long des murs comme des ombres et sitôt que, percevant un pas, nos têtes pivotaient, elles se mussaient dans le recoin d'une porte, plongeaient sous l'auvent d'une grange.

Elles acquirent sans doute une habileté formidable dans l'art du camouflage. Mais elles n'obtinrent aucune réponse à leurs interrogations, ni nous de satisfaction pour nos efforts car la fille ne paraissait plus.

De retour au logis, nous trouvions nos épouses, un peu rouges, un peu essoufflées, affairées comme depuis des heures à des tâches domestiques.

Loin de nous décourager, l'absence prolongée de la fille devant l'hôtel décupla nos efforts. Les femmes suivaient. Celles qui s'étaient jusqu'ici contentées de l'affût derrière les rideaux passèrent aussi le seuil de nos foyers, à nos trousses. Les pavés retentissaient du bruit de nos cannes. Derrière nous venait un grand souffle, entrecoupé de pas multiples, semblables à des piétinements de souris.

Qui faisait volte-face pouvait entrevoir une épouse avant que l'épaule d'une maison ne la cache. La marche se poursuivait. Nous n'apercevions jamais nos propres femmes. Du reste, nous apercevions rarement la même, comme si toutes s'étaient donné le mot pour nous pister à tour de rôle.

Rentrions-nous au logis de manière impromptue, elles étaient là, ruisselantes de sueur, décoiffées, préparant la cuisine, étendant du linge.

À la maison aussi elles commencèrent à nous épier. Des craquements nous prévenaient de leur présence. Et là de même, nous retournant promptement, c'était la femme d'un autre que nous surprenions. Découverte, celle-ci sautait par la fenêtre, celle-là disparaissait sous un meuble. Rendus auprès de la nôtre, nous la trouvions affairée, dépenaillée, éreintée, auprès d'un poulet plumé ou d'un pot de fleurs. Nous retournions-nous vers elle la nuit : c'est aussi la femme d'un autre que nous surprenions dans notre dos. Elle sautait au bas du lit dans le plus simple appareil et dévalait les escaliers. La nôtre se faisait bientôt entendre, toussant, tirant sur la rampe, ahanant.

Bientôt nos épouses ne vécurent plus à nos côtés. La traque se poursuivit mais elles choisirent sans doute une base secrète vers laquelle elles pouvaient se replier sitôt débusquées.

La fille ne reparut jamais, ni non plus nos épouses à nos yeux. Nul ne peut dire où elles se cachent aujourd'hui. Elles ont fait des progrès, disparaissent plus vite et nous restons plusieurs jours sans les voir, sans les entendre. Pourtant nous les savons autour de nous, guettant chacun de nos gestes, détaillant nos comportements pour les rapporter à nos légitimes, là-bas, où elles vivent à présent.

AVEC LES CHIENS

Elles vivent avec les chiens. Un pavillon autrefois cossu leur sert de repaire, que l'une d'elles a peut-être reçu en héritage. C'est une ménagerie cosmopolite, et plutôt racée, qui leur tient lieu de famille. Dalmatiens, setters irlandais, lévriers afghans, braques d'Auvergne et bergers allemands pratiquent un espéranto à plusieurs voix. Des appels résonnent jusque dans le parc où des dahlias hauts comme des tournesols balancent leurs têtes joufflues. À certaines heures de l'après-midi, en été, des jappements semblent vouloir accélérer le défilement des heures chaudes et il se trouve toujours quelques âmes mal intentionnées pour alimenter la rumeur d'une tribu zoophile.

Elles ne pratiquent jamais cela avec leurs compagnons. Quand bien même ceux-ci, par égarement, se montreraient trop insistants à coller leurs flancs contre leurs genoux, elles les chasseraient d'une tape sur les reins, appuyée d'une remontrance légère. Leur grand plaisir est de chevaucher les plus robustes. Comme des gamines, elles organisent des courses au long des corridors. Eux se prêtent au jeu avec bonhomie. Certains parviennent à monter, cavalière sur le dos, les escaliers qui jalonnent le parc jusqu'au bassin. Au début, il fallait quand même aider, poser les pieds par terre aux endroits difficiles. Parce que rien ne vient tout seul, tout est question d'entraînement. C'est un parcours d'obstacles assez ardu, et il n'est pas dit qu'un cheval de compétition l'effectuerait sans faute. Mais les chevaux de compétition ont pour excuse de ne pas vivre ici nuit et jour.

Un basset sert de monture à la plus jeune. Son pelage est râpé par le frottement des cuisses et son ventre crisse comme un pneu quand la fatigue le rend encore plus ras.

Parfois les employés de la fourrière font une descente et elles craignent alors de voir s'évanouir leur paradis. Aussi leur donnent-elles ce qu'elles ont, et elles s'y appliquent tellement qu'ils repartent en prêtant serment de n'avoir rien vu, un peu tourneboulés quand même, surtout ceux qui sont mariés. Cette relation extra-conjugale leur convient car ils n'en ramènent que l'odeur du chien, odeur que les femmes portent sur elles comme une seconde peau.

Les chiens ne sont pas aussi sales qu'on le pense. Pour peu qu'on respecte leur nature ils savent faire preuve d'une hygiène que leur envieraient certains messieurs cravatés. Du reste, eux ne portent ni cravate ni costume, et leurs poils poussent dans la direction qu'ils veulent.

L'homme qui a voulu rester pour la nuit est sans doute à l'origine de l'affaire. Souvent déjà, au moment de partir, il avait regardé la rousse avec tristesse, marquant beaucoup d'hésitations avant de monter dans la fourgonnette. Un soir, il est revenu seul. Il a fallu calmer les chiens parce qu'ils ne voulaient pas le laisser entrer ; le quartier commençait à retentir de leurs aboiements. C'est elle qui est sortie. Après avoir tranquillisé les bêtes, elle lui a souri d'un air entendu et l'a fait entrer.

Le lendemain, il a disparu quelques heures, puis il est revenu au volant d'une camionnette de location. Il apportait quelques meubles et des affaires. Peut-être avait-il pris un congé, ou quelque chose comme ça. Ou bien il avait arrêté de travailler. En tout cas il a emménagé dans le pavillon. On a pensé qu'au milieu de toutes ces femmes, finalement, pour peu que les chiens ne l'embêtent pas trop, il s'était choisi un asile plutôt confortable. Mais il n'en avait qu'après la rousse, paraissait préoccupé de lui apporter tout ce qu'elle désirait. Elle, ça ne la dérangeait pas qu'il soit là, elle avait l'air contente, et lorsque le fourgon de la fourrière venait, elle n'allait plus voir les hommes. Sans doute celui-là lui suffisait-il.

Au début, les chiens l'ont accepté sans broncher. Ce n'était pas vraiment leur ami mais ils n'avaient aucune raison de s'en prendre à lui. Le plus fort des dalmatiens lui offrit sa croupe une ou deux fois, et il put participer aux courses organisées dans le parc. Il ne s'en tirait pas trop mal, d'ailleurs. Cet homme-là avait sûrement pris des leçons d'équitation, ou de kayak.

Parfois, il soulageait le basset en baladant la petite fille sur ses épaules. Pour lui faire plaisir elle acceptait autant de promenades qu'il fallait. Elle aimait bien, même, qu'il l'emmène du côté du bassin parce qu'elle pouvait regarder les nénuphars par-dessus la margelle. Mais elle préférait sa monture la plus basse et l'enfourchait sitôt qu'il l'avait déposée au sol.

Ça a presque tourné au vinaigre le jour où il a voulu manger avec les chiens. Parce que, contrairement à ce qui a pu se dire, les femmes mangeaient à table dans des assiettes, avec des fourchettes, des couteaux, des cuillères et des verres, comme beaucoup de femmes, et les chiens mangeaient par terre dans des écuelles et sans couverts, comme beaucoup de chiens. Lui, ce jour-là, il voulait manger comme un chien. Il a quand même veillé à prendre une écuelle abandonnée, dont personne ne voulait parce qu'elle était un peu fêlée, et il a commencé à engloutir ce que la rousse lui avait versé. Elle était fine, la rousse ; elle avait compris tout de suite ce qui se passait.

Pendant quelques jours, les chiens ont grondé en le lorgnant d'un œil torve. Quelque chose clochait sans doute mais il n'y avait pas de quoi se ruer sur cet être à la peau fragile, sans défenses naturelles, et dont l'attitude ne témoignait d'aucune agressivité à leur égard.

Après, il s'est laissé pousser les ongles. Il devait bien fixer le magnésium parce que, tout homme qu'il était, les siens étaient presque aussi solides, et plus tranchants, que des griffes. Ses dents n'étaient pas trop courtes non plus. Les canines, qui marquent peut-être chez l'humain une parenté diffuse avec le loup, étaient chez lui particulièrement longues.

De cet instant ses compagnons à quatre pattes ne le regardèrent plus avec compassion. Ils ne le considéraient certes pas comme un des leurs, et il n'était toujours pas devenu leur ami, mais il avait désormais le droit de manger sa pâtée auprès d'eux.

Voilà précisément l'instant où le problème s'est cristallisé. Par une équation assez simple, les chiens se prirent à penser que si cet homme aux mœurs canines avait le droit de dormir avec une femme, il n'y avait plus aucune raison pour qu'eux n'en fassent pas autant. Cela produisit un changement dans les comportements.

Les chiens se mirent à bouder. Ils refusèrent de jouer au cheval. Lorsque les hommes de la fourrière venaient, ils montraient les crocs, se jetaient dans leurs pattes et se plantaient en travers des escaliers qui menaient aux chambres. Il était devenu impossible de se rencontrer dans la maison, ou dans les jardins. Les femmes, irritées contre les bêtes, rejoignirent quelque temps leurs amants dans le fourgon. Mais l'espace était trop confiné ; la pudeur de certains souffrait d'une pareille promiscuité. La rousse et son amant considéraient cela de loin, occupés à tisser les liens de leur amour grandissant. Il ne leur importait guère, finalement, que les autres aient à pâtir de leur union.

Cohabiter devint impossible. Les hommes durent accomplir le travail jusqu'ici retardé, ils emmenèrent également le basset – qui fut probablement le seul à s'en réjouir – et on ne les revit plus.

Les premiers temps on espéra un peu que les hommes reviendraient. On envisagea de rénover certaines pièces afin de leur offrir un asile douillet. Puis on y pensa moins. Il n'y avait plus aucune raison pour que les employés de la fourrière visitent une maison dépourvue de chiens.

Reste l'amant de la rousse, qui n'a pas perdu ses habitudes alimentaires et constitue une sorte de monument vivant, voué au souvenir des années heureuses. Avec une pointe de nostalgie, sans trop s'épancher, on veille à garnir son écuelle des meilleurs morceaux. Et il arrive, mais c'est par réflexe et sans malice, qu'on lui caresse aussi la tête.

AVEC LES SINGES

Celles-là vivent avec les singes. À la saison clémente elles quittent l'abri des cavernes pour venir s'ébattre au pied de la falaise. Une végétation épaisse comme un coussin d'algues accueille leurs jeux, camoufle leurs existences aux yeux du ciel. Le soleil parvient ici avec peine. Il n'est que touffeur stagnante : les arbres transpirent, les plantes exhalent une senteur acide, presque musquée.

Cela convient à leurs jeux érotiques. Elles règnent en tyrannes sur un harem velu, sélectionnant leurs amants et les instants qu'elles passent avec chacun d'eux. S'ils sont plus grands, plus robustes, ces armes qu'elles possèdent, attachées à leur poignet, et qui peuvent électriser des bêtes aux dimensions impressionnantes, dissuadent toute rébellion. Ils s'appliquent à contenter ces femelles qu'ils savent cruelles. Au début surtout, elles pouvaient aller jusqu'à tuer un partenaire médiocre.

Aujourd'hui le nombre des singes a largement dépassé celui des femmes. Le choix les a rendues généreuses. Elles pardonnent plus volontiers, ne sévissent que lorsqu'un amant éconduit devient trop insistant.

Leur espérance de vie est courte car les conditions d'hygiène sont précaires. Par un instinct qui leur vient peut-être de la bête, elles s'éloignent pour mourir, afin d'éviter la propagation d'une épidémie. Il y a un endroit dans le fond du bois, une éclaircie dans la ramure qui fait comme un pré ensoleillé. C'est ici qu'elles viennent s'allonger, sous le ciel, pour expirer leur dernier souffle. Les corps ne sont jamais retrouvés. Certains amants qui s'étaient entichés d'une défunte la cherchent en vain. Sans conscience des actes sacrilèges, ils peuvent fouiller l'herbe, retourner la terre. Nulle dépouille ne reparaît jamais, comme si des anges étaient venus l'emporter à chaque fois.

Les singes ont aussi des femelles. Elles sont tenues à l'écart. Elles n'ont pas droit au chapitre devant les autres, les mâles ne vont les voir que pour perpétuer l'espèce. La plupart préféreraient oublier les femmes, dont l'union stérile et la cruauté gâchent leur vie. La crainte les ramène dans leurs filets tels des chatons effarouchés.

Devant cela une seconde falaise s'élève, si bien que la forêt a des airs de laitue prise entre deux tranches de pain. Cette paroi est composée d'éléments métalliques aux formes et aux tailles variables. En la balayant du regard on discernera des cabines, des plates-formes, des ponts lancés en surplomb de la masse végétale. Le regard s'accroche-t-il en certain point, la cornée mémorise-t-elle certain angle, certaine passerelle, on peut distinguer des silhouettes vêtues de scaphandres aux motifs argentés. Les unes se hâtent vers une cabine en pianotant sur des claviers portatifs, les autres demeurent immobiles sur quelque plate-forme, occupées à ausculter la voûte luxuriante au moyen de longues-vues, de capteurs, de micros ultrasoniques.

On descend dans la forêt à intervalles réguliers. Pour faire le ménage. Entretenir les plantes, qui ne pousseraient pas aussi bien sinon. Par équipes de trois, en veillant à ne pas se découvrir, on soigne les troncs malades, on répertorie les sentiers engorgés de broussailles que l'on fera au besoin éclaircir. On veille, surtout, à soigner les baies dont ils sont friands, et on lâche ces petites poules domestiquées pour leur fournir à peu de frais des protéines. Il n'importe guère qu'ils se dégourdissent dans l'art de la chasse ou de l'agriculture. Leurs instincts et leurs jeux revêtent seuls une importance. Chaque femme, chaque singe – à l'exception des femelles – porte à l'oreille une bague de couleur reliée à un dispositif électronique. Les tensions, les flux hormonaux sont dirigés vers des écrans que des logiciels analysent, décomposent selon des lois reformulées en permanence. Des hypothèses voient le jour, aussitôt démenties ou modifiées.

Le travail s'effectue dans un ordre méticuleux. On se garde bien de produire le moindre commentaire, le moindre jugement quant à ce qui se déroule ici. Les maîtres sont à l'affût, qui jugent, évaluent, sanctionnent. Leur avis sera décisif pour l'obtention d'un diplôme, pour la décision de passage en classe supérieure. Du reste, le diable sait si ces recherches aboutiront. L'important demeure la méthode. Tout n'est ici que formation.

L'atmosphère est donc laborieuse, le repos mérité. Le soir, lorsqu'on n'est pas de garde, on rentre au campus. Si la fatigue est supportable, on sort en ville, en bande la plupart du temps. Seul Jonas, qui est marié, persiste à rester seul dans sa chambre où il compose de longues lettres à son épouse, enceinte. Il demande à chaque fois, surtout, des nouvelles de Claude, l'orang-outan qu'ils hébergent depuis son plus jeune âge.

En l'absence des anciens, il arrive qu'on se laisse aller à plaisanter. On choque quelques verres en pensant à eux, on mime leurs manies, on les surnomme, on les raille. Les plaisanteries se cantonnent à ce domaine. On parle aussi d'avenir, de voyages. Mais il est un sujet dont l'absence plane au-dessus des conversations, lourde comme une planète entière. Des scènes observées dans la forêt nul commentaire, nulle allusion, jamais. On s'en tire en arguant que la soirée sert à évacuer les tensions de la journée. Mais en dedans des crânes les images fermentent, les scènes se poursuivent, se répètent, se télescopent. Sur la piste de danse les garçons semblent simiesques, les filles sensuelles et effrayantes. Il ne ressort rien de ces soirées étudiantes. Jamais aucun couple n'a vu le jour ici. Gros-Jean comme devant, on s'en retourne au campus avec l'envie paradoxale qu'accoure le lendemain pour se jeter dans le travail.

Sur le terrain, peut-être en raison de l'urgence, on se borne tellement à observer que nulle réflexion, nulle crainte n'a plus droit de cité dans les esprits.

Aux yeux des maîtres, le nombre des femmes, devenu presque insignifiant, n'est pas alarmant. L'observation de leur comportement ne perd pas en intérêt. Elle se modifie, tout simplement. Les maîtres sont si distants, si impénétrables derrière leurs lunettes cerclées de noir qu'on n'ose demander pourquoi il n'arrive pas d'autres femmes dans la fosse. Quant à savoir d'où celles-ci sont venues, nul n'y songe, l'essentiel étant qu'elles soient là.

Il est question de changer les méthodes d'enseignement, de procéder à des réformes. Il ne serait pas surprenant que l'université ait reçu des consignes relatives à la fermeture de certaines sections. Ceci expliquerait cela. Pour l'heure, pas d'alarme, l'application des réformes viendra bien en son temps, tous ici auront quitté les lieux.

Il est de bon ton de déclarer que la science ne s'embarrasse d'aucune chimère. Les chercheurs, comme de droit, cherchent, et s'ils trouvent, ce n'est que pur hasard, et si leur trouvaille est importante, et si leur renommée grandit jusqu'à s'inscrire dans l'Histoire, ce n'est qu'en raison d'un concours de circonstances. C'est du moins ce que professent ici, comme de droit, les professeurs. Il n'est pas certain que les étudiants l'approuvent. Le mythe des Archimède, Galilée, Pasteur et Einstein a semé des graines vivaces ; on se plaît à croire, dans les rangs des plus jeunes, au miracle d'une découverte de taille. Car la matière vivante que l'on observe ici, malgré son fonctionnement cyclique, n'est pas exempte d'une possible mutation. On voudrait assister à la naissance d'un singe dans un ventre de femme. Phénomène impossible si l'on en croit le postulat numéro un de la section. Empiriquement impossible. Mais impossible n'est qu'une barrière. Et toute barrière a la faculté de s'ouvrir.

C'est aussi ce que pense ce rêveur de Jonas. C'est ce à quoi il rêve, cet étudiant en fin de cycle, lorsqu'il gravit les degrés métalliques des échelles ou lorsque, de garde la nuit, juché sur une passerelle tronquée au-dessus du vide, il fouille la jungle à l'aide d'une longue-vue infrarouge, traquant, avec l'impudeur de son état, les accouplements, et priant pour que chaque étreinte soit féconde.

C'est ce qu'il pense à longueur de temps, Jonas, et c'est pourquoi, engoncé dans ces considérations, il a laissé filer le compte des mois, oubliant jusqu'à la propre maternité de son épouse.

Un soir, très bientôt, de retour au campus, il ouvrira comme un rêve l'enveloppe de faire-part que lui aura tendue la concierge, lira le message type imprimé sous le cliché en quadrichromie, et ne saura que penser de ce tout jeune orang-outan auquel sa femme, par une ironie cruelle, aura osé donner son nom.

UNE HISTOIRE

La séance avait commencé depuis longtemps mais il en arrivait encore. Le parterre central était bondé, il fallait chercher sa place ailleurs, dans les travées, sur les balcons où l'espace était confiné au possible. Les plus robustes parvenaient à se hisser le long d'un pilier et à y demeurer plusieurs heures, mais il venait toujours un moment où l'attraction terrestre triomphait de leurs muscles. Lentement, leurs doigts relâchaient la pression, leurs cuisses s'amollissaient : c'était la chute. Ceux-là ne survivaient pas longtemps à leurs blessures ; il semblait que l'effort avait épuisé leurs ressources vitales. En tombant, ils écrasaient du monde ; les rangées proches des piliers constituaient des zones à haut risque. L'existence y était brève, le mouvement des populations rapide.

Sous les balcons aussi les chutes étaient nombreuses car la poussée des nouveaux venus délogeait les premiers placés. Le parterre aurait dû s'en trouver encombré, pourtant, sous le poids des nouveaux occupants, les corps se rétrécissaient jusqu'à devenir de petites pelotes de poussière, et c'était une aubaine, car nul n'aurait trouvé assez de force pour les évacuer.

Le côté inférieur de l'écran débordait de spectateurs ; on distinguait en ombres chinoises le grouillement de leurs têtes, pareilles aux particules de neige électronique des téléviseurs. Sans doute cette impression était-elle due à leur multitude et à l'extrême diversité de leurs contours, car à les regarder une par une les têtes ne semblaient plus aussi mobiles.

Il était difficile de dire si quelqu'un encore avait assisté au début de la projection. Nul ne questionnait jamais à ce sujet. Non que l'on jugeât cet aspect peu digne d'intérêt, mais ce qui défilait sur l'écran accaparait l'attention. De même, il était difficile de dire si l'écran avait toujours été aussi vide. À première vue, on n'y aurait observé qu'un drap uniformément blanc. Mais la notion de blanc appartient déjà à ceux qui ont des certitudes. Il faut croire que personne ne trouvait cette couleur si vide puisque, hormis le ronronnement du projecteur, et le choc mat des corps tombant dans la fosse, aucun chuchotement, aucune protestation ne troublait le silence.

On évitait de s'esclaffer lorsqu'un voisin périssait. Peut-être n'en avait-on pas conscience. Ceux qui ne mouraient pas sur le coup agonisaient dans le calme, par respect pour la concentration de ceux qui restaient.

L'air se raréfiait. Lorsque quelqu'un arrivait, ceux que le sort avait placés à proximité des larges battants de l'entrée pouvaient profiter de quelques bouffées d'air frais. L'ivresse gagnait les autres. Au bout d'un moment ils glissaient au bas de leurs fauteuils où ils étaient aussitôt remplacés.

Malgré sa rareté, l'air n'était pas nauséabond. Les déchets qu'auraient dû produire une aussi énorme quantité d'êtres vivants semblaient absorbés par les murs, le sol, le plafond, comme si la salle avait pourvu seule à la régulation de ces contingences matérielles. La nutrition n'était pas davantage un problème. Il se peut que l'on n'ait pas vécu assez longtemps pour souffrir de la faim.

Le roulement était rapide, il était difficile de déterminer la quantité exacte de disparus. S'ils avaient vécu davantage, sans doute auraient-ils muté comme ces êtres adaptés aux fosses sous-marines ou aux cavernes obscures. Leurs yeux auraient atteint des proportions démesurées, leurs oreilles auraient augmenté leur diamètre pour mieux capter le ronronnement du projecteur, leurs bouches auraient sans doute disparu et il ne leur serait resté qu'un orifice minuscule, une branchie étroite pour prendre encore un peu d'air.

Leur vie sexuelle était extrêmement réduite. Il arrivait que deux d'entre eux, un court instant, mêlent leurs corps et leurs souffles, mais ce n'était qu'un rapprochement dû aux mouvements de la foule et il ne pouvait être question de véritable relation intime. L'écran continuait d'accaparer leur attention, et si leurs corps frémissaient du contact, il ne fallait y voir qu'un réflexe. Les conditions n'étaient pas optimales pour la reproduction. Les femmes les plus solides, ou les plus chanceuses, survivaient à peine quelques jours, au mieux quelques semaines, et si le hasard avait permis qu'elles soient quand même fécondées, leur grossesse n'atteignait jamais son terme.

Malgré cette quantité impressionnante de vies interrompues, il ne se dégageait de tout cela aucune énergie négative. Tout se déroulait placidement, de façon naturelle, et affirmer que ce qui advenait était bien, ou mal, aurait été, là encore, le fruit d'un esprit rompu aux certitudes. Le fait est que, discrètement, en commun, on s'éteignait. Selon toute vraisemblance pour laisser la place à autre chose. Car il y a toujours autre chose après. De même qu'il y a toujours eu quelque chose avant. Certainement, l'écran s'éteindrait aussi, après que tout aurait disparu dans la salle. Peut-être juste après. Et sa couleur paraîtrait obscure aux amateurs de certitudes.

LA MALADIE

Sous la peau ridée d'un vieil homme, une tique déposa la maladie. Et sitôt qu'elle fut en lui, le vieillard en prit conscience. Sereinement. Sans la moindre inquiétude. D'ailleurs la maladie se montra discrète. Tellement qu'on eût pu croire qu'elle n'était pas. Le vieil homme savait au fond de lui ce corps nouveau germant sans bruit, et cela lui suffisait sans doute. Parce qu'à la fin d'une vie les certitudes se font bien rares. L'assurance nouvelle du vieillard se devait d'être d'autant plus forte que la maladie ne se déclara jamais. Elle se contenta de vivre avec lui, sans excès de tempérament – ce n'était pas son genre –, en compagne attentionnée, soucieuse de ne pas éveiller l'intérêt alentour. Peut-être pour éviter à son homme les désagréments des explications, et les fatigues d'un circuit médical.

Cependant, lorsqu'il sentit venir la mort – qui du reste n'avait pas le moindre lien avec sa maladie –, le vieillard éprouva le besoin de partager son secret. Par respect pour elle, et pour qu'elle existe au-delà de lui. Il convoqua l'infirmière la plus sûre du centre, celle qui toujours avait obéi à ses désirs, à ses caprices ; il inspecta son âme afin de n'y point placer un fardeau trop lourd à porter, et y déposa le secret. Après quoi il décéda soulagé, emportant avec lui la maladie dont le souvenir demeurait à présent en lieu sûr.

La bonne fille s'accommoda comme elle put de cette charge, et lui réserva une case toute vierge dans sa mémoire, qu'elle prit soin de verrouiller consciencieusement. Les années battirent leur tempo sans que jamais la cache ne fût descellée. Ce secret n'était d'ailleurs pas le seul à dormir là, et malgré le poids croissant des serments déposés, aucun ne fut jamais profané. Pourtant, de tous, celui du vieil homme fut le seul dont elle se souvint au jour de son accident, et le pompier qui la désincarcéra de l'habitacle n'eut que le temps de le cueillir sur ses lèvres violettes, en son dernier soupir : « J'ai connu un homme qui avait la maladie. » Conscient de l'exclusivité de la révélation, le brave homme ferma les paupières de la mourante avec la solennité que l'on affiche lorsqu'on se croit investi d'une mission supérieure.

Les interventions bosselèrent son casque, les incendies en roussirent les lanières, sillonnèrent la visière argentée, mais le serment ne fut pas rompu. Or il arriva que les collines brûlèrent comme jamais de mémoire d'homme. Durant sept jours et sept nuits les flammes roulèrent sur le lit des garrigues et embrasèrent des milliers d'arbres, léchant goulûment la roche. Les équipes se multiplièrent au chevet des forêts mais la digestion lente se poursuivit, inexorablement. Plusieurs hommes furent portés disparus ; la plupart tremblaient mais aucun ne manquait de vaillance. Dans les rangs de ceux qui étaient destinés aux missions cruciales, des testaments s'échangèrent. Comme si les soldats du feu promis à la mort avaient su d'avance l'issue de leur combat. Là, le pompier prit un camarade à part, un de ceux qui rentraient du feu, fourbus, un bon camarade, sûr et fiable. Et celui-ci pleura un peu, parce qu'il savait quelle prémonition cette confidence annonçait, puis il écouta, résolu à porter sur ses épaules le poids d'un ultime cadeau. Le pompier perdu se confia, brièvement ; après quoi il ajusta son casque, serra les lanières roussies, et s'éloigna vers la langue rouge de la bouche de feu. Dans l'air asséché par les braises tourbillonnantes, sa dernière phrase résonnait encore : « J'ai connu une femme qui avait connu… »

LES PANTOIS

En file indienne, comme les pièces dressées d'un jeu de dominos, l'interminable famille Pantois attendait. Ordonnés méticuleusement depuis l'aïeul au teint rosé de sa fraîche embolie jusqu'au plus minuscule des cadets, tous témoignaient de leur passion héréditaire pour les chronologies. L'attente était patiente. Une docilité presque fataliste inclinait les têtes, qui vers ses propres semelles, qui vers les mollets de son prédécesseur. Lorsque les portes du musée d'Histoire bâillèrent, s'immobilisèrent, puis achevèrent leur rotation autour des gonds, toutes les narines frémirent, saisies jusqu'aux plus secrètes muqueuses par les émanations centenaires de vieux bois. Au rythme cérémonieux imprimé par l'ancêtre, la famille pénétra dans le sanctuaire, saluant de-ci, de-là les employés qui leur rendaient leur bonjour avec la dignité que l'on accorde aux bons clients.

Dans une coordination parfaite, tous les Pantois exhibèrent un carnet et un stylo gravés à leurs initiales, puis se répartirent dans leurs secteurs respectifs à l'intérieur de la salle principale. L'aïeul gagna en claudiquant le petit carré de collections égyptiennes, non loin des tapisseries médiévales où son épouse vint aussitôt prendre place, l'œil aiguisé, le stylo en attente posé sur le coin des lèvres. Leur descendance emplit harmonieusement l'espace. On avait laissé aux cadets les deux petites vitrines contenant des fragments d'antiques poteries grecques. Et l'on se mit au travail.

Sur les tableaux de chasse, sur le mobilier usé, à l'intérieur même des vitrines ébréchées, le petit peuple des araignées avait établi ses bases. Pas une seule toile, pas un seul nouveau couple ne devait manquer d'être couché sur le papier. La prise et le stockage d'une mouche ou d'une fourmi était scrupuleusement répertoriée, annotée, datée, en vue d'une confrontation avec les résultats des autres secteurs de la salle. La naissance d'un bébé constituait une aubaine et lorsqu'elle était constatée, le plus désœuvré des Pantois pouvait abandonner son poste pour venir seconder l'auteur de la découverte.

D'ordinaire les gardiens s'intéressaient peu aux activités de leurs habitués. Tout au plus se demandaient-ils, à la longue, ce qui dans les collections présentées pouvait motiver une telle assiduité. Ils mettaient cela sur le compte d'une passion du détail. Il ne leur appartenait pas de juger leurs fidèles qui, somme toute, n'étaient pas plus excentriques que le lot commun des visiteurs. Pourtant, aujourd'hui, les trois hommes en uniforme gris firent une incursion dans le cercle familial. Leurs mines étaient graves, leurs gestes empêtrés. Lorsqu'ils s'immobilisèrent, se raclant ostensiblement la gorge, les Pantois durent sentir à une modification presque électrique de l'air ambiant que l'heure était importante. Ils se retournèrent d'un même mouvement pendulaire pour fixer avec une attention nouvelle ces individus qui avaient acquis le statut de meubles familiers.

Avec une élocution parsemée de notes discordantes, l'un des gardiens se mit en devoir d'annoncer la fermeture définitive du musée. Lorsque, la gorge pleine de sanglots, il passa la parole à l'un de ses collègues, le troisième lui tapota doucement le dos en lui murmurant des paroles réconfortantes. Le discours se fit moins pathétique, plus concis, il s'acheva même sur une tonalité optimiste – et la voix se colora d'accents presque joyeux – pour informer que la quasi-totalité des collections serait archivée puis conservée en lieu sûr. Là-dessus, les gardiens remercièrent les Pantois pour leur assiduité, exhibant d'une poche en plastique un assortiment de porte-clés à l'effigie du musée qu'ils remirent à chacun en souvenir. Les Pantois refermèrent leurs carnets, empochèrent leurs stylos, remercièrent, puis franchirent les portes à rebours dans le même ordre immuable.

La somme de leurs observations fut collectée, dactylographiée puis reliée en un imposant volume intitulé « Histoire d'une colonie d'araignées » qui prit place au cœur du salon familial, derrière une vitrine.

IL

—

Dominés par des silhouettes incrédules, géants de pierre, cheminées tronquées, marmites sans fond, modelés dans le calcaire par des tumultes immémoriaux, les chariots tressautent sur le lit d'une rivière évaporée. Le roitelet menant la troupe stoppe sa monture. Il jette au loin la cuisse de renne qu'il vient de dévorer, étouffe un rot, met pied à terre, et s'approche du chariot qui ferme la marche. Ses chevaliers s'écartent pour livrer passage à l'énorme bedaine qui, de gauche à droite, de droite à gauche, oscille sur les courtes jambes du souverain. Le ventre se stabilise au niveau de la voiture. Il prend appui contre le marchepied, et de la fourrure à longs poils qui l'enveloppe surgit une main aux doigts gourds, truffée de pierres colorées, pour soulever paresseusement la tenture qui dissimulait l'intérieur au regard. En constatant que la femme évanouie, probablement engrossée par ses œuvres, a laissé filer sous ses jupons une petite boule de chair violacée, remuante, braillante, le roi songe qu'il lui faudra bien, une fois de plus, trouver un nom.

Le roi mord à pleine bouche dans une épaule d'ourse braisée. Mâche à grand bruit, respire en sifflant, déglutit sans plaisir, et peste. Peste encore. Pour finir sa main se détend, le quartier de viande décrit une parabole au-dessus des flammes.

Autour du roi les regards fuient, cherchent refuge dans une zone neutre. Du bout de leur épée, plusieurs chevaliers entreprennent de remuer les braises. Concentrés, tendus comme des cordes d'arc, les autres attendent.

Ce soir encore il n'a rien trouvé de satisfaisant. Se peut-il que l'imagination d'un homme se trouve un jour saturée ? Le guerroyeur ne doit compter qu'une cinquantaine de vocables à son actif. Pour le reste, grognements et gesticulations autoritaires suffisent amplement à lui procurer sans retard ce qu'il désire. Hélas, les rares syllabes comprimées dans sa boîte crânienne ne lui sont plus d'aucun secours. Il lui faudra bien apprivoiser cette idée : son dernier bâtard ne portera aucun nom.

Il a fleuri sur toutes les lèvres. Cette unité de sens, peu à peu, s'est imposée dans les conversations, se frayant un passage parmi les autres, obtenant des gorges, des dents, des langues qu'elles lui réservent une prononciation particulière. Alors que des bronches monte un filet d'air ténu, les lèvres s'écartent comme pour sourire, puis la langue vient coiffer l'ensemble d'une caresse sur l'avant du palais : *Il.*

Cette syllabe, banale s'il en est, a accédé au rang de vocable réservé. La voici traitée avec les égards que l'on rend aux personnalités souveraines. Les autres conversations en ont fait leur deuil et l'on a dû apprendre à jongler avec le vocabulaire.

Pour autant, ce mot que l'on utilise pour nommer l'enfant n'a pas acquis l'importance d'un nom. C'est un patronyme demi-portion. Car sitôt l'enfant présent, *Il* doit disparaître, se retirer à l'intérieur des gorges, laissant aux palais, aux dents, aux lèvres, l'initiative de subtils stratagèmes langagiers.

Cette particularité a valu au bâtard beaucoup de considération au sein de la troupe. Chacun s'applique à traiter son substitut de nom avec les plus grands égards. Chez les écuyers, chez les chevaliers, *Il* revêt un timbre un peu rugueux, comme le gong d'une masse d'armes sur un bouclier. Tantôt, lorsque les conversations s'élèvent, c'est aussi le son plus clair d'une épée jaillie de son fourreau. *Il* coule comme du miel chez les femmes, parfois comme un brouet lourd mais savoureux chez les plus corpulentes. On a bien dû mettre dans un son aussi minuscule tout ce que l'on pouvait offrir d'émotion, et, si le mouvement des organes est le même, son acoustique varie d'une bouche à l'autre, d'une intention à l'autre, comme dans ces langues orientales dont la musique est une composante essentielle.

Une existence plus raffinée eût souffert de cette absence de patronyme – les existences raffinées excellent à multiplier les situations, elles exigent de leurs locataires qu'ils manient la nuance avec une précision chirurgicale. Pour son bonheur, *Il* est fils de roitelet. Guerroyer occupe la majeure partie de son temps. Festoyer et trousser la paysanne emplit l'autre. Et guerroyer, festoyer, trousser ne sont pas, au premier chef, affaire de nuances.

Il convient donc au jeune homme, convient à l'adulte, convient enfin à l'homme mûr qui, après avoir fait ériger sur le corps de son père un tumulus extraordinairement ventru, prend sa place à l'avant du convoi sans rien demander à ses vingt-quatre aînés. *Il* est né pour régner parce que arrivé en bout de course des patronymes. À l'endroit où la langue atteint ses frontières les plus lointaines.

Si les mots suffisaient, seuls, à rendre compte de ce que nos vies contiennent, on pourrait penser qu'*Il* ne vécut guère. Comme son père avant lui, l'homme déniait toute importance au langage, et il y a fort à parier que les membres de la troupe, à l'image de leurs taiseux souverains, ne possédaient rien qui pût changer la donne. *Il* aurait connu sans doute la même infortune que son père, et engendré un bâtard sans nom, si les épidémies n'avaient éliminé avant terme plusieurs femmes par lui engrossées.

Lui vécut sa vie jusqu'au bout, serein, sans peur et sans patronyme. Une vie de roi comme il y en a tant. Banale à pleurer.

Ses chevaliers lui creusèrent une tombe, l'y allongèrent, lui confièrent ses armes et ses habits, aussi quelques bijoux, en prévision de la longue nuit qu'il aurait à passer seul. Puis ils le bordèrent d'une épaisse couverture de terre pour le protéger du vent et de la pluie.

Le bourrelet de terre fut coiffé d'une pierre grise, à la surface granuleuse, que l'on pensa laisser vierge de toute inscription. Et le convoi aurait repris la route si, brusquement – était-ce un effet du soleil ? –, la pierre grise n'était devenue blanche. D'une blancheur vertigineuse. Comme si le mort, qui avait su vivre sans nom, s'insurgeait soudain contre l'idée de mourir sans laisser de trace. Car même après une vie aussi peu exemplaire, c'est ne rien laisser du tout que de ne pas même laisser un nom.

Il

La quête d'un petit roi ventru devint celle d'un petit peuple têtu.

Aujourd'hui le petit peuple a grandi. Il a forci. Il est devenu sédentaire et guerroie moins souvent. Toutefois ses sorties sont plus remarquées, plus cinglantes. Le nom manque toujours – et on le cherche en vain – après tant d'années, tant de siècles.

À l'intérieur d'un musée, ou d'une cathédrale, entouré d'une barrière comme souvent, le tumulus forme une tache claire dans la pénombre. Sans doute y a-t-il aussi un gardien, avec une casquette, ou un bedeau tonsuré, comme souvent, qui fait les cent pas devant le monticule et qui s'autorise à se gratter l'oreille avec le bout de son talkie-walkie, ou la tranche de son bréviaire, lorsque nul ne l'observe.

Il sommeille. Sur la crête du tumulus la pierre repose. Vierge de toute inscription. Ouverte sur l'infini des existences à inventer. Blanche peut-être, ou grise – qui pourrait le dire, il fait si sombre ?

L'HISTOIRE D'AMADEO LUTTI

Intrigué par cette enseigne clouée sous la plaque dorée d'une école d'informatique, et dont l'inscription typographiée à l'ancienne mentionnait l'adresse d'une bibliothèque dans le quartier, Amadeo Lutti regarda sa montre en soupirant, jugea que son client ne viendrait plus, et fit quelques pas dans la direction indiquée.

Le bâtiment était tapi au fond d'une ruelle aux façades oxydées où les volets pendaient sous des fenêtres muettes. Un portail donnait sur une allée que bornaient trois marches taillées dans la pierre. La porte en chêne s'ouvrait grâce à une poignée de bronze représentant un reptile mythique. Amadeo Lutti entra dans un hall où des statues drapées de toges tenaient conseil depuis des temps immémoriaux.

Le couloir central donnait sur une pièce immense où, sur des tables alignées étaient déposés des ouvrage reliés de cuir. Contre les parois s'élevaient des étagères aux rayonnages si nombreux que leurs sommets culminaient jusque sous les poutres apparentes du plafond.

Amadeo arpenta l'allée principale. Des silhouettes, peu visibles dans la clarté blême qui filtrait depuis les fenêtres en ogive, lisaient. Leurs vêtements décolorés par la pénombre évoquaient des blouses grises.

Poussant un petit chariot où il rangeait des ouvrages abandonnés sur les tables, un employé vint à la rencontre d'Amadeo. Il chuchota :

« Je vous attendais. »

Le geste sobre, il lui désigna une place dans le mitan de l'allée. Amadeo se cala contre le dossier de sa chaise et posa ses avant-bras sur la surface lisse du bois verni. Un livre reposait sur la table. Nulle dorure ni poinçon n'émaillait la reliure, qui semblait vierge de toute altération. La tranche formait une couche si nette et si pleine que le volume paraissait n'avoir jamais été ouvert.

Plusieurs tables séparaient Amadeo de ses voisins. Il en allait de même pour chacun d'eux. Certains, qu'il distinguait dans la pénombre, demeuraient en attente, osant à peine jeter un œil autour d'eux. D'autres étaient résolument plongés dans leur lecture.

De nouveaux arrivants pénétraient à intervalles espacés dans la salle. L'employé ne tardait pas à s'approcher d'eux en poussant son chariot dont le roulement effleurait à peine le parquet. Il les accueillait en prononçant invariablement la même formule de bienvenue :

« Je vous attendais. »

Puis il leur désignait une place, aléatoire en apparence tant le nombre de lecteurs était faible, où un livre était posé. D'ailleurs, et bien que nul ne se dirigeât vers la sortie, ce nombre demeurait constant.

Amadeo tendit la main vers l'ouvrage. La couverture lui parut lourde et froide comme une dalle. La première page était blanche. De ce blanc laiteux, uniforme, qui donne au grain du papier l'aspect d'une couche impénétrable. Plusieurs pages semblables suivirent, ne portant nulle mention de l'auteur ni de l'éditeur, et dont la pâleur était si pure et si nouvelle qu'elles semblaient ne jamais avoir vu l'éclat du jour.

Aucun mouvement ne troublait la quiétude, hormis le roulement uniforme du chariot que l'employé poussait devant lui, débarrassant les tables dont les occupants avaient disparu. Amadeo s'enfonça dans l'exploration de son ouvrage. Les feuilles étaient si douces qu'il aurait fallu, pour les entendre bruisser, coller l'oreille tout contre leur membrane. À mesure qu'il tournait les pages vierges, il goûtait à la sensation agréable de s'insinuer dans un désert cotonneux, à la douceur insistante.

La découverte avançait, le temps passait, disparaissait. De longs silences espaçaient les déplacements du maître des lieux. Amadeo ne les entendait plus. La clarté s'approfondissait. Son regard se perdait au cœur des fibres. Il y croisait de longues veines bleues dont les méandres palpitaient, porteurs de fruits aux allures de visages, d'objets, connus de lui seul. Des instants crépitaient, qu'il avait conservés en souvenir. Quelques songes attendaient là, nichés entre deux pages, que leur propriétaire vienne les collecter. Amadeo reprenait son voyage ; il parcourait l'étendue glacée du livre comme un patineur sur un lac gelé offrant par transparence la vision de ses profondeurs.

L'odeur du papier emplissait l'espace et la taille des feuilles augmentait. Peu à peu, elles avaient pris les dimensions d'une nappe couvrant la salle jusqu'au pied des murs. Puis le plan s'inclina pour figurer une montagne aux dimensions infinies, lumineuse et cinglante comme les premiers rayons de la vie.

Le roulement reprit, s'intensifia à peine lorsque l'employé avança son chariot vers la table. Il saisit le livre à deux mains, le feuilleta consciencieusement, faisant défiler la multitude de caractères noirs incrustés dans la chair des pages puis déposa auprès des autres l'ouvrage relié de cuir dont la couverture indiquait en lettres d'or :

« Amadeo Lutti – 1970-1999. »

UN JOUR ÉTRANGE, N'EST-CE PAS ?

Jadis, on étudiait ici les nouvelles orientations de l'urbs. On planifiait les coupes, on organisait le comportement de la vallée. On rêvait la ville, et dans ce rêve elle était immense. Elle coulait comme un fleuve, elle était belle. La terre entière n'était plus assez grande pour la porter. La ville était un univers, l'univers était ville.

Les forêts, ces rassemblements obscènes de corps végétaux emplissant l'air que l'on respire, le sol que l'on foule, de leurs semences diverses, avaient trouvé leur maître en la ville. Les plantes occupaient à l'intérieur des habitations un espace déterminé. Elles étaient agréables à l'œil. Elles ne salissaient pas, ne s'étalaient plus au grand air. Grâce à la ville, la végétation avait gagné en dignité.

Ainsi avait-on rêvé la ville. On l'avait rêvée tous ensemble, et on avait choyé ce rêve. Mervi, plus que tout autre femme peut-être, avait tiré ses rideaux chaque matin en espérant contempler du haut de sa tour un paysage urbain, net et propre, enfin débarrassé des foisonnements verdâtres qui la veille encore avaient choqué son esprit. Chaque matin elle avait déchanté. Elle avait dû espérer, pour endurer ce nouveau jour de labeur aux infirmeries, que la nuit à venir lui offrirait encore le rêve.

Le rêve. Tous le gardaient présent à l'esprit. Il tapissait les songes de chaque habitant. Il était la nourriture, la religion. On le racontait, sans pourtant surprendre puisque tous faisaient le même. C'était comme réciter une prière. Il fallait que les images courent sur les lèvres, occupent l'espace durant la veille. Mervi les répétait à ses malades, et cela les apaisait. Ils s'assoupissaient en écoutant sa voix, réconfortés de partager encore le destin des vivants.

Les défricheurs dormaient beaucoup. Il leur fallait rêver plus que les autres car leur tâche, au pied de la ville, les exposait à une réalité proscrite et effrayante. Ils remontaient au soir, les bottes terreuses, les membres souillés de lichens et de sciure. On les admirait de loin car leur vie sociale était inexistante. Sitôt remontés, ils disparaissaient dans leur logis. Ils plongeaient dans le sommeil pour reprendre souffle avant la prochaine journée de labeur.

Leurs incursions s'avéraient peu efficaces. La tâche demeurait gigantesque et même, certains jours, elle augmentait malgré le chemin accompli. Des zones défrichées redevenaient sauvages. Des terrains clairs se couvraient de plantes hirsutes, des forêts débordaient sur les axes de communication, effaçant des itinéraires.

Devant tant de vaillance, le découragement gagnait. Le rêve bientôt ne suffit plus à régénérer l'espoir. Une crainte inavouée s'insinua dans les esprits. Logée, alimentée, choyée dans le plus grand secret des crânes, elle trouva finalement son chemin vers le sensible, devint quelque chose de palpable. Comme l'eau, comme la terre, la pierre ou le verre, la crainte occupait l'espace entre les corps des citoyens. Les phrases cognaient tout contre, retournaient à leurs expéditeurs, pelotes de poussière muettes. On ne parlait plus. On ne se touchait guère. On demeurait sur place. On avait peur. On ne faisait plus que ça.

À cet instant du conflit, la forêt aurait pu déclencher une offensive imparable, engloutir jusqu'aux plus hautes tours de la ville perchée. On n'aurait pas résisté. Pourtant elle ne prit pas l'avantage. Elle poursuivit sa résistance. Attentive à repousser les assauts, efficace pour regagner le terrain perdu, mais sans excès de zèle. Il paraissait peu probable qu'elle n'ait rien perçu de la peur qui tétanisait la ville. On se trouvait face à un adversaire incompréhensible. Un adversaire indifférent au concept même de victoire.

Mervi s'éveille sur une impression étrange. Elle ouvre ses volets, pose ses coudes nus sur le rebord de la fenêtre. Son regard plane, hésite puis s'embrouille enfin dans les entrelacs de la végétation, jusqu'au vertige. Comme chaque matin. Elle le ramène bien vite à l'intérieur, et se dirige vers la cuisine pour apaiser les tiraillements de son estomac. Comme chaque matin. Elle demeure longtemps à table après avoir absorbé sa ration, les épaules affaissées, les yeux dans le vague. Ce lever ressemble aux autres et pourtant quelque chose manque. Quelque chose en elle. Une nourriture, une drogue de l'esprit. Elle n'a pas fait le rêve.

L'infirmerie est située au 68e étage, cent mètres en contrebas du logement de la jeune fille. L'ascenseur qu'elle emprunte transporte une majorité d'habitués. Vêtus à l'ordinaire, courtois et discrets, ceux-ci portent sur le visage l'empreinte du manque. Dans la ville entière sans doute, nul n'a été visité par le rêve. La porte de l'ascenseur coulisse plusieurs fois, des voyageurs descendent, d'autres investissent l'espace. Puis Mervi à son tour le quitte pour regagner son poste.

La matinée coule, un peu plus silencieuse que d'habitude. Les malades ne s'en étonnent guère. Il leur semble évident que Mervi, pas plus qu'eux-mêmes, ne sera en mesure aujourd'hui de mettre en mots le souvenir d'un rêve ancien. D'ailleurs ce souvenir pâlit. Il se recroqueville comme une pelote brûlée.

Au soir, lorsque Mervi abandonne son lieu de travail, il n'en subsiste même pas de quoi former une phrase.

Elle accomplit différents trajets, vers différents étages, pour acheter quelques provisions. Des individus partagent ses déplacements durant quelques secondes. Elle les connaît de vue, ou de réputation. Avant de regagner son logis, elle s'offre une chope à la taverne. *Étage 283*. À travers les vitres, malgré l'obscurité conquérante, on distingue encore la couleur de la vallée. Un vert brun tirant sur le sombre. À cette hauteur l'édifice branle imperceptiblement et on a dû s'y accoutumer. Les mouvements ont quelque chose de somnambulique. La boisson aidant, on se laisse glisser le long d'un semblant d'ivresse. Autour de Mervi, les clients et les meubles habituels. Quelques joueurs, la poitrine barrée par le bord de leur table, la carte haut levée, poursuivent la litanie des annonces tandis qu'un serveur les observe distraitement, le torchon sur la hanche, prêt à satisfaire une commande.

Mervi s'approche d'un groupe. Pose son bock en bout de table, tire une chaise, et s'installe en silence. Les joueurs lui ont adressé un signe de tête furtif. À présent ils continuent, mécaniques, à faire pleuvoir les cartes. C'est une pluie lente, avec de petites accélérations et des accalmies. Mervi porte le bock à ses lèvres. Laisse échapper un peu de liquide car les vents d'altitude ont secoué la tour. Une branche tape à la fenêtre. On s'en étonne un peu. Un militaire – serait-ce l'effet de la secousse ou la vision de la branche ? – a laissé choir sa bouffarde. Le serveur accouru s'applique à nettoyer les traces de tabac sur le pantalon du malheureux. Lui, débonnaire, le prend à témoin de ses réflexions du moment :

« Un jour étrange, n'est-ce pas ? Il porte un manque et toutefois nous poursuivons. Hier encore, j'en suis à peu près certain, il y avait quelque chose ici (il appuie sur sa tempe avec son index). Je crois que c'était un rêve. Ce n'était pas très bon. (Il allume une autre bouffarde.) Un mauvais rêve. »

Le serveur s'est levé. Il est retourné vers le comptoir. Quelqu'un distribue pour un nouveau tour. On fait du coude au bavard pour qu'il s'apprête à jouer. Pourtant, les cartes en main, celui-ci reprend à l'intention de Mervi :

« À présent des branches viennent taper à nos fenêtres. Notez qu'elles ne les abîment point. Ne nous adressent aucun signe amical non plus. Elles sont là, tout simplement. Le vent les agite autour de nous. Il est possible qu'elles ne nous voient pas. »

Les joueurs s'impatientent. Ils se relaient pour pousser des soupirs à l'intention du joueur en verve, qui a déjà commis plusieurs erreurs d'inattention.

« C'est, je pense, ce qui nous a longtemps gênés. Le fait de ne pas comprendre les plantes. De ne pas savoir ce qu'elles pensent de nous. »

Il commet encore une erreur. Son partenaire se lève, lance un bonsoir expéditif, et s'en va décrocher son manteau.

« Les plantes vivent auprès de nous, nous pouvons les côtoyer, sans pourtant lever, jamais, le voile sur l'inconnu qu'elles renferment. Cette fréquentation de l'inconnu, cette frustration permanente, peut se révéler douloureuse, brûler comme le feu. »

Profitant du fait que le bavard avait dû s'interrompre pour rallumer sa bouffarde, les deux joueurs adverses se sont éclipsés. À présent il ne s'adresse plus qu'à Mervi, qui ne tardera guère à se lever aussi. Il parle moins. Fume davantage. Il répète seulement :

« Un mauvais rêve. »

Des ronds de fumée s'accumulent au-dessus de lui, vont se rencogner sur d'autres ronds plus anciens, dans un angle du plafond. L'auberge tangue un peu moins, le vent est tombé.

Mervi ouvre la fenêtre. Le mécanisme crisse un peu ; à cette hauteur il n'est pas réellement prévu pour fonctionner. C'est presque un miracle que la vitre s'efface devant la nuit, et que du vent ne se précipite pas à l'intérieur. Le rameau bruisse à peine, la chaleur du bar ne semble pas lui déplaire. Mervi évalue que cette autre branche, plus épaisse, qu'elle distingue dans l'ombre en contrebas, devrait supporter son poids.

Elle saute. Agrippe fermement le membre végétal et se rétablit en souplesse, à cheval au-dessus du vide à deux mètres de l'*étage 283*. C'est son premier contact physique avec un arbre. La sensation est à peine rugueuse. Il n'importe guère à Mervi de ne pas déchiffrer ce que pense, tout contre sa peau, le végétal gigantesque. Par petits paliers successifs, elle descend le long de la ramure. Il lui faut éprouver la résistance, la souplesse de certaines prises. Elle hésite, ose rarement des avancées téméraires. Le temps ne presse pas. Elle a toujours vécu dans la tour, aussi ne connaît-elle pas le vertige.

Des nuages ont caché la lune. Mervi se guide à la lueur des rares fenêtres allumées, qui projettent sur les branches, par-delà le couvert des feuillages, un halo tamisé. Les mains de Mervi, ses cuisses, ses cheveux, ses vêtements ont pris l'odeur de l'arbre. Ce grand corps qu'elle parcourt exhale des fragrances entêtantes, odeurs de musc, de graines, de fruits. Fœtus végétaux qui n'attendent plus que le vent pour s'envoler vers une terre accueillante, et la féconder.

Autrefois, Mervi aurait crié. Elle aurait demandé qu'on lui coupe les mains, les cheveux, les cuisses. Elle aurait imploré qu'on brûle ses vêtements, son corps enfin. Elle se serait immolée pour effacer la souillure végétale. À présent un arbre gigantesque, sans doute plus haut que sa tour, vit à côté d'elle, tout contre, au-dessous et au-dessus. Elle ignore tout de lui, elle ne pourra jamais percer la carapace de son indifférence. Elle ignore même s'il faut appeler cela de l'indifférence. Les concepts humains sont dérisoires. Ils perdent leur signification sitôt qu'on les extrait de leur contexte.

Mervi n'a plus goût à réfléchir. Elle descend. La distance est encore infinie jusqu'au sol. Elle est bien. Elle sait qu'elle regrettera ce moment. Elle mettra pied à terre, au mieux, juste avant l'aurore. Elle s'allongera quelques instants sur un tapis de mousse, ou de terre meuble, ou de feuilles. (Comment c'est, là-dessous ? Mervi ignore ce qu'est le sol sous les arbres.) Et puis, il lui faudra regagner son appartement. Se doucher. Longtemps, pour effacer les odeurs. Sans doute les malades (et les autres ?) ne lui en voudraient-ils pas de sentir l'arbre, à présent que le rêve est tari. Mais enfin, les règles demeurent souvent après qu'elles ont cessé d'être justifiées. Elle s'endormira plusieurs fois dans l'exercice de ses fonctions. Son maquillage ne suffira pas à masquer ses cernes. Elle n'aura qu'une hâte : regagner son lit, et dormir vraiment.

Mervi sait tout cela. Et pourtant elle doute. Elle se demande si, demain soir, attablée pour une dernière chope à l'*étage 283*, après que les dernières cartes auront giflé la table et que le plus bavard des joueurs aura achevé sa bouffarde, elle n'aura pas envie, à nouveau, d'ouvrir la fenêtre.

LIGNES DE FUITE

Depuis quelques heures les paysages fuyaient de toutes parts.

Les prairies volaient, le ciel engloutissait des villages, les cluses gisaient au fond d'un fleuve qui le matin même ne formait pas l'ombre d'un ruisseau. Dans la vallée, la cité n'était plus visible. Elle avait attiré contre son cœur remparts et collines ; on devinait tout ce petit monde autour d'elle, solidaire du grand corps menacé par un caprice de la géométrie.

Des églises haut perchées menaient la résistance. Elles invoquaient le Tout-Puissant, sonnant à pleines cloches pour exister encore dans ce vacarme de montagnes froissées.

Nous avions trouvé refuge dans un monastère. Un bâtiment malmené par le vent, dont les portes avaient été arrachées, et qui dansait sur sa crête comme un étourneau dans la bourrasque. La communauté qui vivait là se tenait ramassée tout entière dans le fond d'une salle obscure. Évaluer le nombre exact des fidèles se révélait impossible tant ces derniers, agglutinés contre celui qui semblait être leur chef, s'entêtaient à ne former qu'un seul corps. Un corps immobile qui poussait d'une même voix des incantations lentes, quasiment inaudibles à cause du tumulte. S'y mêlaient quelques lansquenets surpris sur le chemin de la Bohême, et qui avaient été bien inspirés de caracoler jusqu'à ce refuge. Leurs vêtures bariolées tranchaient dans ce salmigondis de soutanes défraîchies. Entre deux bures brunes et râpées, on apercevait un pourpoint multicolore ; plus loin, un pantalon bouffant rouge et or ou quelques rubans verts affleurant à la surface du mélange brunâtre.

Dans les hauteurs, quelque chose craquait. Des tressaillements parcouraient les murs. Les voûtes, à peine visibles dans la pénombre, frissonnaient en exhalant des relents de pierre blette. Il nous fallut trouver notre place en périphérie de la masse humaine ânonnant à nos pieds, car une froidure exhalée depuis les couloirs sans porte s'insinuait sous nos vêtements. Mes compagnons avaient déposé leur paquetage d'étudiants à l'entrée de la salle. Le vent emportait déjà les plus modestes baluchons. Timidement, presque horrifiés à l'idée du contact avec ces êtres rampants, nous nous glissâmes dans les rangs. Une sensation de chaleur nous accueillit. Nous flottions dans une torpeur bienvenue, rassurés, à peine étonnés de sentir nos lèvres entonner les mêmes incantations que les autres.

L'abbé portait une madone en marbre, et décrivait des mouvements circulaires soigneusement coordonnés. La madone s'élevait-elle, visage tendu vers la voûte invisible, notre chant s'enflait aussitôt, accompagnant son ascension. La main de l'abbé faisait-elle mine de diriger la figurine vers le bas, notre complainte devenait murmure, puis chuchotis à peine posé sur notre souffle retenu. L'opération se répétait, durait. Depuis quand la Vierge dansaitelle ainsi au bout du bras orné de lourds bracelets dorés ? Blottis dans le creux douillet de la foule, tandis qu'au-dehors, au-dessus, au-dessous, partout autour de nous le monde dansait la gigue, nous avions perdu la notion du temps.

Parfois l'un d'entre nous disparaissait. Son corps s'élevait, bulle de savon flottant au-dessus de nos têtes, puis un courant le balayait. L'obscurité gommait sa trajectoire. Lorsque la madone fut emportée, l'abbé, qui l'accrochait d'une main ferme, disparut à son tour, laissant place au silence car nul meneur désormais ne nous incitait plus à chanter.

Des ornements, qui avaient dû honorer la salle principale du monastère, quittaient les murs. De longues pièces de drap claquaient dans les airs, planaient un instant avant de se diriger vers le but qui leur était fixé. Tout comme les choses, les êtres et les paysages, la logique de ces déplacements fuyait. Nulle constance dans la tournure des événements, nulle théorie formulable. Ce qui était une ligne devenait une courbe. Ce qui se courbait s'allongeait. Ce qui se voyait disparaissait dans un creux de l'espace sans même laisser une poussière en souvenir.

Juste avant que l'univers ne perde l'équilibre, Hans Jakob Christoffel von Grimmelshausen avait écrit : « Dans ce monde à l'envers, rien n'est plus constant que l'inconstance. » Les quelques tomes de son *Simplicius simplicissimus*, que je gardais serrés dans ma besace, s'en échappaient à présent, voletaient au niveau de mes yeux, puis empruntaient des directions antinomiques. Certains s'ouvraient aux quatre vents, virevoltaient un instant avant de s'éloigner en planant. D'autres demeuraient aussi fermés que des huîtres, et lorsqu'ils filaient dans l'espace ils laissaient entendre un vrombissement d'insectes bougons.

Prostrés la plupart du temps, nous crachotions des bribes de conjectures. Sur l'apesanteur, sur la ligne de fuite des corps dans l'espace, sur le point focal de l'univers qui s'était déréglé. Mes compagnons activaient dans leurs mémoires des raisonnements que leurs maîtres leur avaient inculqué à l'université. Ils ne parvenaient qu'à remuer des sédiments grisâtres, impuissants à capter la moindre étincelle de rationalité. Pour ma part, je n'avais jamais brillé par mes aptitudes à l'exercice scientifique, et tout ce que je voyais me ramenait à mes lectures. Simplicius se dressait devant moi, minable et grandiose, gredin magnifique. Il ricanait tristement dans l'obscurité de la salle encombrée.

Les crêtes bougeaient sous les fondations du monastère. Des blocs devaient se détacher, rouler dans un ravin. Nous entendions le choc des pierres partout autour de nous, derrière ces murs qui ne tenaient plus, peut-être, que par un miracle de notre imagination.

Nous ne dormions pas. Le sang battait à nos tempes, faisait gonfler nos paupières. Sa pulsation était lourde. Il semblait qu'au-dedans de nous un fleuve envasé roulait des galets gigantesques.

Les lansquenets s'animaient. Secouant leurs membres, leurs chefs haut levés, ils s'évertuaient à grimper sur l'échine de leurs voisins. Leurs mouvements produisaient des vagues colorées à la surface de notre nuit. Respectueux en pénétrant dans le lieu saint, ils avaient déposé leurs lances interminables à l'entrée de la salle. Celles-ci s'étaient ramollies comme cannes en rotin plongées dans l'eau bouillante. Elles se lovaient à présent autour des baluchons de mes compagnons, leurs pointes visitaient le contenu de leurs *in-quarto*, feuilletaient sans malice des traités de physique élémentaire.

Les propriétaires des lances peinaient à gagner la surface du bouillon brun de soutanes et de bures mêlées. Leurs bras enrubannés brassaient l'écume d'un océan inerte car nous demeurions prostrés comme à la première minute du cataclysme.

Le plus vigoureux des lansquenets parvint à rejoindre le seuil de la pièce. Il s'ébroua, jeta une œillade méprisante à sa lance devenue liane lettrée, et disparut sans avoir le temps de changer d'air dans la tranchée qui venait de s'ouvrir à ses pieds. Car le monastère à cet instant, pierres et locataires mêlés, se vidait par le bas.

Nous tombions. Plus rien de ce qui l'instant d'avant se dressait encore ne tenait debout. Rien n'était plus fixé à rien, nulle part. Nous tombions, libres d'attaches. Nous ne faisions plus rien d'autre. Comme si la chute était devenue un état permanent de la matière.

Les planchers avaient filé en tête. Notre groupe avait suivi, sans se disloquer vraiment. Certes, les fidèles massés sur le pourtour, et les lansquenets qui avaient précédemment réussi à s'extraire du lot, tombaient désolidarisés, menaient leur chute en privé avec la meilleure application du monde. Sinon notre masse hétéroclite chutait de concert, liée sans doute par un communautarisme de circonstance.

Le but de notre chute, comme toute affaire en ce jour, n'était rien moins qu'imprécis. D'autant qu'au-dessous la nature des choses variait. Des champs se creusaient, devenaient cratères en un clin d'œil. D'épais bosquets d'épicéas s'affalaient comme des bûchettes sous le souffle d'un enfant, laissant un pré tout neuf en souvenir. Le fleuve enflait, débordait, créait des lacs, des cours d'eau qu'un caprice du vent pouvait jeter aux nues dans le même instant. Nous tombions, cela durait, et il paraissait de plus en plus douteux que notre chute fût verticale.

Le premier lansquenet toucha terre bien avant nous. Il tituba un peu, puis retrouva la station debout sans paraître affecté outre mesure. Lorsque nous atterrîmes il avait déjà gravi un petit promontoire, d'où il adressait des signes énergiques au reste de sa troupe.

Le sol détrempé accueillit placidement nos semelles. Quelques éclaboussures boueuses piquetèrent nos chausses mais nul ne perdit l'équilibre. Le vent ne soufflait plus. Les éléments avaient retrouvé un ordre stable.

Notre groupe se disloqua naturellement, chacun retrouvant ses affinités premières. Les lansquenets se massèrent au pied du promontoire pour recevoir les directives de leur chef. Après un temps d'écoute, ils époussetèrent avec soin leurs vêtures compliquées, récupérèrent leurs lances qui, rigides comme au premier jour, étaient venues se ficher dans une motte de terre meuble, et se mirent en marche pour tenter de rejoindre avant la nuit les positions de l'ennemi.

L'abbé à la madone était perché sur une branche à quelques pas de nous. Il demanda qu'on le descende. Une fois au sol, il cracha deux fois dans ses mains avant de les claquer vigoureusement pour inviter son monde à s'apprêter pour les vêpres.

Empilés sous un sapin, les tomes du *Simplicius simplicissimus* m'attendaient. Pas un seul ne manquait. Leur entassement scrupuleux respectait la chronologie que Grimmelshausen avait donnée aux aventures de son héros.

Mes compagnons aussi avaient repris possession de leurs baluchons. Ils s'étaient plongés dans la lecture d'épais volumes de physique et, allongés à même le sol boueux, adoptant des postures philosophiques, ils semblaient décidés à occuper les lieux pour quelque temps.

La nuit vint nous coiffer doucement. La nature exhalait une fraîcheur odorante, mélange de pollen et de terre. Il n'y avait aucune raison pour que le sommeil se refuse à nous.

LE DRÔLE

C'est au feu rouge du quai Lamartine. Un lundi matin besogneux, la rue déborde, affairée. Au milieu du vacarme ce bruit lancinant, une espèce de hoquet strident et têtu, comme un rire syncopé, interminable. Les doigts de Diomède tapotent nerveusement le volant. Fenêtres fermées à cause des gaz d'échappement, ceinture étriquée sur la panse, et ce feu qui ne veut pas passer au vert ! Diomède, lui, rit, bien sûr, de temps en temps – il paraît que c'est bénéfique à l'organisme – rarement le matin quand même. Mais cet énergumène – où est-il d'ailleurs ? – vous envoie ça en pleine poire aux aurores, avec une semaine qui s'annonce chargée ! Même à travers les Klaxon qui tonitruent parce que le feu, de toute évidence, est en panne, on dirait que la voix se fraie un chemin jusqu'ici. Il semblerait que le petit drôle, assis au pied du feu au niveau des pots d'échappement, fasse à lui seul plus de vacarme que la rue entière. Diomède abaisse la vitre, risque une œillade réprobatrice. Les Klaxon se sont apaisés, le feu doit fonctionner. Diomède glisse jusqu'au niveau du nain hilare, qui ne s'est pas arrêté, qui semble même rire encore plus fort. La circulation est repartie : tant pis ! Un grand coup de frein, Diomède s'extrait du véhicule, se baisse vers le petit homme, et pif paf ! lui flanque deux gifles à décorner un bœuf. Derrière, les Klaxon remettent ça, pour Diomède cette fois. L'autre rit toujours. Diomède lui aligne trois calbottes bien appuyées, sans plus d'effet. Il a déjà du sang sur les doigts, et mal aux phalanges parce qu'il y est allé un peu fort. Le bougre se pâme de plus belle, comme un antivol déréglé. Diomède est en sueur, il frappe ! avec ses pieds, il frappe ! avec sa tête comme un dément le petit tas de chairs sanguinolentes, qui devrait déjà être mort avec toutes ces beignes, mais la voix continue de lancer son hymne stridulé. Les véhicules débordent par la droite, par la gauche la 205 de Diomède placée tel un îlot sur la chaussée. Il veut en finir avec ce type, qui n'est même plus un type, on dirait une boule de pâte à modeler, impossible de distinguer la tête, ni le tronc ; les coups de pied de Diomède s'y enfoncent et l'on entend craquer un os de temps en temps. Comme il reprend son souffle, la boule en profite pour lui fausser compagnie en bondissant, élastique, vers une plaque d'égout où elle disparaît. Le rire s'éloigne en résonnant dans les couloirs souterrains.

Au bureau son ventre commence à faire des siennes. Une crispation douloureuse au niveau des abdominaux. Il fait tout de suite la relation avec l'événement du matin. Non pas que cela présente une analogie, mais parce que après un tel début de journée tout semble s'enchaîner le plus logiquement du monde. Attention au patron, ne plus se faire épingler ; déjà en retard le matin, la chemise bardée d'auréoles de sueur, et l'ordinateur qui déraille, pousse des ricanements synthétiques à tout bout de champ. Semaine chargée à venir, se concentrer sur le boulot.

Le soir, au lit, les trois pages quotidiennes de lecture : l'histoire fantastique d'un type grassouillet que des diables forcent à rire en tirant sur les coins de sa bouche et en lui chatouillant le ventre. Et justement, voilà que les abdos en remettent une couche. Ça vous secoue, ça vous chatouille, et en fin de compte ça vous extorque un éclat de rire gros comme un éternuement. Plusieurs fois de suite et toute la nuit. Arrêt de travail, le médecin ne comprend pas, il conseille un spécialiste, s'échappe, sa journée aussi est chargée.

Secoué du matin au soir par des quintes de fou rire, un mal de ventre à pleurer, Diomède appelle Astor, son ami. Que faire ? Avis catégorique – Astor n'est spécialiste que des avis catégoriques : « Pain blanc et radis pendant dix jours. Imparable. »

Au bout du délai, ça secoue un peu moins. Astor, qui est de bon conseil, assène le coup final : « Encore plus de pain blanc, et encore plus de radis. Vingt jours. » Passé vingt jours, victoire. Fini les quintes, fini le mal au ventre. Astor est venu fêter ça, pas longtemps, juste pour marquer le coup parce que la semaine est chargée.

Diomède seul. Dans son appartement et dans son corps. Et c'est une sensation bizarre au bout du compte. Diomède est en manque et ça le rend triste. Ses larmes coulent sans interruption, à débit constant toute la sainte nuit. Demain soir, si ça continue, il appellera Astor.

VOUS, UN AUTRE

« Vous n'êtes pas le premier à vous plaindre. Dans la seule journée d'hier, deux cent soixante-huit personnes ont passé le seuil de cette pièce et installé leurs fesses – ou ce qu'il en restait – sur ce siège que vous avez pris d'assaut sans même en demander l'autorisation.

« Je ne parle pas de ceux qui avaient réclamé un entretien pour disserter de problèmes de voisinage ou de confort. Ces individus qui toute leur vie – et même après – ronchonnent à n'en plus finir m'ennuient ; il y a belle lurette que je ne les reçois plus. Libre à eux de comprendre. Mon établissement n'est pas, de prime abord, voué au bien-être de ses pensionnaires.

« Celui auquel vous succédez était un type assez jeune. Son visage commençait à perdre son harmonie à cause du tic nerveux qui lui abaissait la lèvre inférieure. Celle-ci pendait un instant au-dessus de son menton puis, retrouvant un semblant de tonicité, venait claper contre la lèvre supérieure avant de s'amollir de nouveau. L'œil furibard malgré la crainte que je lui inspirais, il m'a exposé son cas. Une banale histoire d'accident, ou de maladie. Oubliée sitôt entendue. Sa lèvre clapait à perdre haleine. Ce genre d'altération physique est fréquent chez les gens honnêtes.

Réaliser qu'après avoir d'une manière ou d'une autre, pour une raison précise ou diffuse, dans un lieu déterminé, à une heure exacte, passé l'arme à gauche, il y a eu confusion sur la manière, la raison, le lieu, l'heure, si ce n'est tout à la fois, rend la soupe mauvaise. On se sent floué, négligé, et parfois ce point ultime, cet achèvement, suffit à jeter une lumière blafarde sur l'existence qui l'a précédé. C'est un cap difficile à passer, j'en conviens. D'autant que nul n'y est vraiment préparé. Certains y parviennent pourtant, et, si j'en avais la faculté, je les remercierais. D'autres se mettent en quête, comme vous, de réparations.

« Commence alors le rituel immuable. Le sang infuse de nouveau. Il cogne à votre nuque, lui qui avait pourtant interrompu sa course. Vous ne tardez pas à quitter l'alvéole – cela constituera votre unique sortie. Vous errez durant des heures avant d'atteindre enfin, au détour d'une galerie, la salle d'attente improvisée devant ma porte. Un couloir à peine plus large que les autres dans lequel j'ai fait installer des chaises pour vous être agréable. Il y a toujours quelqu'un pour attendre avant, et vous, tous autant que vous êtes, ne connaîtrez jamais la satisfaction d'être arrivé le premier.

« Vous vous installez donc, et vous sentez le sang bourdonner contre vos tempes. Il vous semble presque entendre aussi celui des autres. Comme vous irrités de l'injustice. Comme vous indignés de subir l'attente. Des conversations s'engagent. Vos éclats de voix me parviennent. Parfois j'identifie une phrase entière. Bien sûr, vous en avez après moi. Et vous tenez à me le faire entendre. Furtivement, vous songez à la personne avec laquelle vous avez été confondu. Restée là-bas, pour quelque temps encore. À votre place. Vous en connaissez qui auraient mérité cent fois votre sort. Sans compter parmi les plus zélés, vous accomplissiez en honnête homme vos tâches quotidiennes. Toutes ne vous inspiraient pas un égal enthousiasme. Vous auriez privilégié certains moments que la journée vous accordait au compte-gouttes. Dans le métier vous n'étiez pas le plus doué. Mais vous étiez vaillant. Votre constance vous a valu quelques éloges. Pour donner plus il aurait fallu de la passion. Mais, et c'était votre mérite, vous assumiez cette carence avec panache. Un certain nombre, la majorité pour tout dire, s'appliquait moins que vous. Sans être mauvais bougres, leur passivité devenait parfois encombrante. Il vous est arrivé de terminer à leur place des tâches qui ne vous incombaient pas. Vous avez dû vous absenter le soir, renonçant à la douceur méritée du foyer, pour essayer de ravauder les accrocs dans leurs ménages qu'ils laissaient partir à vau-l'eau.

« Vous n'étiez pas un ange. Vous aviez vos défauts et vous ne me les avez pas cachés. Pourtant vous auriez attendu mieux de la vie. Vous êtes déçu de constater qu'il existe deux poids et deux mesures. Pour tout dire, votre mérite était plus grand que le leur. Mais voilà. Eux prospèrent encore à l'air libre, poursuivent avec le même flegme leur activité professionnelle. Ils ont peut-être déjà entrepris votre femme. Tandis que vous voici devant moi, ennuyé, agacé semble-t-il, d'avoir à m'écouter à votre tour.

« Il en a été de même pour la longue liste de ceux qui, depuis le début, ont comparu devant moi la rage au ventre. À m'en demander parfois si ce n'est pas moi qui comparais devant vous. Un jour peut-être je n'accepterai plus les visites. L'idée que j'ai de votre désespoir est trop philantropique. Votre attitude méprisante en cet instant même où, reniant toute morgue, je prends sur moi de vous expliquer patiemment la situation, ne porte guère à penser que vous conserverez un bon souvenir de ma personne. Je le sais : vous sortirez d'ici plus aigri que vous n'y êtes entré. La vieille folle vous aura berné, raillé, humilié. Elle ne vous aura pas écouté. Comme les autres, vous ne garderez en mémoire qu'une parodie de cet entretien, le seul qui vous soit accordé.

« Écouter passer le défilé de vos ambitions déçues me fait bâiller d'ennui. Je m'endormirais complètement s'il ne s'y trouvait quelques perles rares, propices à ensoleiller mes journées. La prestation du numéro 206, je pense, me restera gravée pour le quart d'heure de franche rigolade qu'elle m'a procuré. C'était une femme, dans la fleur de l'âge. Était-elle charmante ? Quelconque ? Repoussante ? Impossible à dire ; ces considérations vous appartiennent et varient tellement que je m'y perds. Je me bornerai à la décrire comme une personne volumineuse.

« Sans prendre le temps de s'asseoir elle s'est jetée sur le bureau, le regard torve et la bave au menton.

« “Vous travaillez pour mon mari ?”

« La table ployait sous ses deux poings fermés.

« “Avouez ! Vous travaillez pour lui !”

« Le spectacle s'annonçait ambitieux. Je me souvenais de son cas. À l'instant crucial de mon intervention, la volumineuse s'appliquait à faire grincer le lit conjugal, installée à son aise sur le bassin de son amant. Lui, beaucoup plus chétif, grimaçait. Il ne semblait pas apprécier l'instant à sa juste valeur. Pressée par d'autres rendez-vous, j'optai pour un arrêt cardiaque fulgurant. D'un seul bloc la masse de la dame s'abattit sur son partenaire, qui s'évanouit aussitôt.

« Nulle perfidie de ma part, nulle ironie. Je ne choisis jamais. J'exécute.

« Son regard, un peu moins torve, avançait presque jusqu'à me toucher.

« "J'ai des appuis. L'affaire remontera jusqu'à vos supérieurs !"

« Délestant la table qui bientôt atteindrait son point de rupture, elle fit volte-face. J'aperçois encore son index sentencieux, haut levé, rythmant la mesure de ses derniers mots :

« "Vous vous souviendrez de moi !"

« Mensonges, bien sûr. Rien de ces choses qui vous semblent universelles n'existe plus ici. Les hiérarchies dont vous avez peuplé votre ciel, ou votre enfer, ne correspondent à rien de bien sérieux. Cela explique pourquoi vous réagissez si mal, pourquoi devant le vide soudain vous avez recours au concept d'injustice.

« Je sais tout cela. Et quand bien même je le voudrais, la situation ne serait pas meilleure. Je me heurte à des problèmes d'ordre pratique, et qui ne correspondent guère à l'idée noble que l'on se fait de mon travail. On me dit implacable, on me dit calculatrice. En réalité je fais ce que je peux, quand je le peux. La noirceur romantique dont vous m'avez drapée n'est qu'une invention humaine. Une façon de voir les choses. Mais cela, le croirez-vous seulement ? J'en doute. Vous persisterez dans l'idée que je prends plaisir à vous terroriser. Que j'ai consciemment peuplé vos nuits de craintes noires, que je suis foncièrement mauvaise. Là encore, votre humanité vous aveugle. Je ne prends ni plaisir, ni déplaisir à tout cela. Je le fais. Cela seul importe.

« Évidemment, ma fonction n'a jamais plaidé en ma faveur. Il faut croire que j'étais faite pour le poste car recueillir jour et nuit – tandis que sans broncher j'abats mon comptant de besogne – les doléances et l'amertume des sujets que je traite ne m'a jamais affectée. La connaissance de vos multiples cas particuliers m'apprend chaque jour à négliger ces mille riens dont vous vous faites un monde.

« Mais les plaignants s'agitent. Leurs voix se font insistantes, nous ne nous entendrons bientôt plus.

« Vous vous demandez pourquoi je vous ai gardé si longtemps – les précédents, vous l'avez remarqué, ont été expédiés plus vite. N'y cherchez pas de cause particulière. Mes actes n'ont jamais de signification. Ils sont gérés par une loi non écrite, et qui correspond à peu près à ce que vous nommez le hasard. Il en est de la longueur des entretiens comme du lieu et du moment de mes interventions. Ce que vous avez fait de votre vie ne me concerne pas.

« À présent vous allez vous lever, vous diriger vers cette porte qui déjà résonne sous les coups. Vous retournerez vers votre alvéole après m'avoir peut-être saluée – cela se produit parfois malgré tout – et vous penserez à cela. Vous aurez le temps d'y penser. Au début, vos idées vous ramèneront à moi. Vous repasserez sur chaque détail de cet entretien. Ensuite, peu à peu, vos pensées s'achemineront vers le trésor de mémoire où est contenue, tout entière, votre vie.

« Vous regretterez de m'avoir accordé autant d'importance. Vous m'oublierez.

« C'est la seule chose dont je puis vous assurer. »

PRENDRE SOUCHE

Je t'observe, Karl. Tout exalté, jeune encore. Pauvret ! La patience ne paie plus depuis que les gens savent attendre. Je sais pas qui t'a raconté, ni – surtout – comment on t'a raconté, mais une chose est vraie : je me suis bien rempli les poches en attendant pour les autres. On nous prenait pour des cinglés, tu penses, à l'époque le temps perdu faisait encore sacrément mal au ventre. Nous étions une aubaine – une aubaine sur pattes et dotée d'une bouche pour sourire. On pouvait tenir plusieurs heures immobiles sans céder à la panique, sans ressentir l'ennui, rien – et nos prix étaient raisonnables. Il n'y avait pas encore de syndicat, les affaires se réglaient à l'amiable. Chacun sa zone, chacun ses tarifs, je me souviens pas d'avoir eu à boxer un confrère.

À la poste. On m'apportait des rafraîchissements. Et des grogs au plein de l'hiver. Sur un calepin – l'organisation avait encore de ces charmes que la professionnalisation a rompus – je notais le début de mon service, et la durée du contrat. Le retour du client était ponctuel, et moi, je fermais les yeux pour quelques minutes de retard. Te donner les tarifs ne signifierait plus rien, Karl, les choses ont tant viré. Il y avait toujours du besoin, je restais guère en sous-emploi.

Le sourire, l'air dégagé, tout ça c'était le produit de l'entraînement. On savait ralentir nos pensées, élargir le moindre grumeau d'idée pour qu'il occupe tout l'espace dans nos caboches. C'est pas qu'on voulait devenir plus subtils, plus profonds que les autres ; simplement, ça aidait le temps à passer. Il valait mieux pas que ça tourne en boucle là-dedans.

Cette voie est bouchée, mon Karl. Une impasse. T'imagines qu'ils auront besoin de toi. Tu rêves de visages soulagés, ragaillardis à la simple vue du chapeau de feutre, de la veste grise et du pantalon en tweed. Des assiettes ! Des plats entiers de couleuvres farcies qu'on t'a fait avaler, gars ! Tu auras beau dumper, assassiner les tarifs, personne ne te laissera sa place en bout de file. Tout le monde sait faire maintenant. Se positionner, demeurer immobile, avec les yeux agripper les semelles de l'autre devant, remonter le long des jambes, le long du dos, passer furtivement le cou, la nuque, l'occiput, observer éventuellement la direction des vagues dans la coiffure, sauter au plafond pour y dénombrer les parallélépipèdes en placo, puis avancer d'un pas, et recommencer.

Prendre souche est à la portée du premier imbécile venu. Que tu le fasses avec aisance, que ton attente soit plus artistique que celle des autres, tout ça n'a plus aucune importance. C'est bien fait pour nos gueules. On a voulu pisser plus loin que notre bout. Déjà cet uniforme. Au début je venais comme j'étais, je changeais de pantalon quand ça me chantait, je portais pas de chapeau, et j'avais des tongs en été. Les clients me retrouvaient bien, va, ils me connaissaient. On a voulu se différencier, tu comprends, il fallait plus passer pour des rigolos. De là les rites, les uniformes, la frime. Et la hausse des prix. Des poules de luxe, Karl, voilà ce qu'on était devenus. Imagine la grogne. Les clients fidèles bazardés comme des chiffons sales. Il leur fallait apprendre à nouveau ce qu'attendre veut dire.

Alors ils ont appris. Sans costume. Sans méthode. Sans rien de ce qui a pu faire de l'attente une profession enviée, réservée à quelques choisis. Eux n'étaient pas choisis, et ils n'avaient d'autre choix que d'attendre. Et je riais. Je riais comme un tordu à les voir faire. Au début le corps tient la route. Le dos repose droit sur les jambes. L'échine est dure comme un pylône. L'attente. Se prolonge. Encore. Le liquide – le corps humain serait constitué de liquide à 71 % – cogne sous la peau. Amollit les tendons, les muscles, les os. Ce sont les genoux qui flanchent les premiers. L'air de rien, on se remue, le corps feint une contenance, on sifflote. Mais les lèvres jouent faux. Elles tremblent. Ce n'est qu'une brise sans idée qui rampe entre les dents. Vient mourir au bord des joues. Le dos voûte, la nuque tressaille. Les rotules oscillent sous la peau, collent à la toile du pantalon. Roulis. Étourdissements. Gémissements. On regrette. On aurait pu – on aurait dû – être économe, gratter sur le café, sur la bière, sur les cigarettes pour s'offrir les services d'un professionnel. Au moins cinq minutes – la demi-heure est hors de prix – histoire de faire une pause. En économisant vraiment, en rabotant sur l'électricité, et sur le gaz, on aurait peut-être même pu s'offrir deux pauses. Le comptoir est si loin. Les gens, devant, ont tant de pièces à fournir, ils remplissent des formulaires, posent des questions, les employés répondent, tamponnent, exigent d'autres pièces, les gens fournissent encore, questionnent, les employés répondent, tamponnent, exigent, les gens, fournissent, questionnent, les employés, répondent, exigent, tamponnent, questionnent, fournissent, tamponnent, exigent, tamponnent, questionnent, tamponnent, tamponnent, tamponnent.

Parce qu'il n'y a pas le choix, le corps se défend, l'esprit serre les dents, se ramasse sur lui-même, devient une pelote de haine patiente. Puis la patience finit par bouter la haine hors du crâne exigu. Ne reste plus que cette faculté d'attendre longtemps. Attendre pour attendre, sans souci d'en vivre, sans besoin d'épater la galerie. L'efficacité à l'état pur.

Nous, pour conserver une légitimité, on a développé les rites, enrichi nos parures, évolué vers des positions plus sobres. Il s'agissait d'atteindre l'épure, l'immobilité absolue entre deux stations. Les riches nous ont cautionnés longtemps, parce qu'ils n'avaient pas de patience, et parce que nous signifiions encore quelque chose à leurs yeux. Et puis, les modes passent. Ils ont appris eux aussi, nous ont gentiment demandé la permission de résilier nos contrats. Pfuiit la carrière !

Pour moi, la retraite pointait son nez. J'avais bien profité, j'ai remisé chapeau, veste et pantalon et je me suis incrusté pour longtemps dans ce fauteuil, devant le poste. À ton âge, forcément, je l'aurais eue mauvaise. Quand on est jeune on a besoin de se croire utile. C'est humain. C'est même vital. Avec un peu de chance on peut trouver une place dans un système indispensable. Sinon on fait la révolution.

Fais l'un ou l'autre, Karl, ça t'occupera toujours mieux que de jouer au fossile. Mais laisse-moi en dehors de tout ça. Je veux juste rester assis, là, devant cet écran. Vis ta vie, trouve quelque chose d'intelligent à faire. Bisous, mon Karl. Laisse-moi un peu seul s'il te plaît. Et n'oublie pas de fermer la porte en sortant.

LA TAUPE

Il avait mauvais fond. Avec la taupe, il avait parcouru le champ des génocides domestiques. La cécité de l'animal, alliée à sa faculté de creuser sans bruit, lui avait permis de dresser sous le lotissement un réseau méticuleux de galeries. À présent il attendait l'orage. Il voulait que la terre engloutisse ce quartier résidentiel pour bourgeois ventripotents. Il n'était pas prévu qu'il en réchappe. Quant à la taupe…

La période du dressage avait été longue et infructueuse. Sitôt lancée, la taupe creusait au fil d'inspirations intimes, dans des directions qu'il n'avait pas voulues. Ou bien ne creusait pas. Il avait fallu employer un autre moyen. Il avait pensé aux vers de terre. « Les lombrics, bien sûr ! » Le tout était de les loger aux endroits stratégiques. Il les droguait pour qu'ils ne s'en éloignent pas. La taupe, alors, ne tardait pas à localiser ses proies ; par un ensemble de galeries déjà en place elle s'acheminait au plus près d'eux. Elle devait posséder un sonar très perfectionné, un peu comme les requins qui repèrent les pulsations de la vie des kilomètres à la ronde. Elle captait à travers les épaisseurs de terre, à travers les corridors de son palais enfoui, les palpitations des vers. Elle creusait vite, avec précision, la maigre distance qui la séparait d'eux. Et ces quelques mètres, au fil des jours, devenaient des hectomètres, des lieues de piège creux sous l'existence des derniers nantis du monde.

Lui, on le laissait circuler à loisir dans les jardins. Les clôtures étaient symboliques puisque l'entrée du lotissement était gardée par de hautes murailles et des vigiles que l'on prévenait en cas de visite. Il était le ver dans le fruit.

Il ne faisait aucun mal, ne demandait qu'à semer ces bêtes luisantes au creux des jardins. Les enfants s'amusaient de le voir accroupi, grattant le sol avec les ongles, et sortir deux ou trois lombrics de sa besace pour les loger à l'intérieur de ses petites tranchées. Les parents, qui n'en pensaient pas moins, interdisaient qu'on le moque. Des surnoms circulaient en douce, des anecdotes cocasses s'échangeaient en tapinois. Le vieux bonhomme impressionnait, ces enfants-là avaient quelque chose de religieux, si bien que, malgré la tentation de braver l'interdit, ils n'osaient saccager son travail.

Le réseau se ramifiait. Quelques plantes mouraient, dont on attribuait le manque de vitalité à la pollution. On avait remarqué, sans doute, que, contrairement à la majorité des personnes maniaques, le vieil homme n'empruntait jamais le même itinéraire. On en avait conclu que son obsession ne faisait pas cas des lieux, comme si l'individu dérivait sans attaches, presque en aveugle, à travers l'espace des domaines. Une obsession gestuelle, sans plus.

La taupe n'apparaissait plus. Le labeur l'accaparait de jour comme de nuit. Il avait perdu le souvenir de son aspect. Essayait-il de se la représenter, c'étaient des images sorties d'encyclopédies, de reportages animaliers qui défilaient dans son esprit. Avait-elle un museau effilé ? Un crâne pointu ? Était-elle entièrement brune ? Ou noire comme la nuit ? Elle devait être assez petite, à en juger par la taille des galeries, qui en de multiples endroits débouchaient à l'air libre.

Il ne nourrissait pas d'affection particulière pour l'animal, et qu'elle fût taupe ne lui procurait aucun plaisir. Elle aurait pu tout aussi bien être phacochère ou fourmilion. Son avantage était la discrétion, et l'ardeur légendaire qu'elle mettait à la tâche. Le vieillard savait sous eux cette œuvre de destruction en marche, qu'il guidait pas à pas, en bâtisseur de vide.

Depuis quelques semaines il ne sortait plus. Ses volets demeuraient clos le plus clair du temps. On avait dépêché les enfants pour s'enquérir de sa santé. Il avait surgi, gaillard et affable, sur le perron de son pavillon, leur avait même donné des sucreries. Peut-être avait-il, simplement, perdu le goût des promenades. Cela lui reviendrait. Ou ne lui reviendrait pas. On ignore ce qui passe dans les esprits en équilibre instable.

En réalité, son réseau achevé, paré à affronter l'ultime scène de son existence, celle qui sans doute serait la plus brève, la plus noire et la plus jubilatoire, le vieillard, dans cette région où l'eau du ciel peut demeurer longtemps absente pour rappeler sa présence avec fracas, attendait la pluie.

Pour l'heure, le ciel était clément. L'été touchait à sa fin et l'azur se dorait au-dessus de la résidence. On pouvait, dans l'ombre gigantesque des murailles en fin de journée, passer des moments agréables. On musardait, on traînait à regagner le confinement des demeures. On sortait aussi des chaises vernies, des tables fort coûteuses et on buvait des alcools rares en écoutant, distraitement, monter la rumeur de la ville populeuse où devait se jouer, au pied des hautes tours de béton gris, sur les trottoirs vidés de l'agitation commerçante, à peu près la même scène.

Il arrivait que des chants rythmés de percussions parviennent jusqu'ici. On se laissait aller, furtivement, à dodeliner du chef, en appuyant le rythme du bout des doigts sur une table. On se ressaisissait, on improvisait une conversation. À la longue, l'idée de la vie à l'extérieur, sauvage, inquiétante, devenait pesante, devait être chassée.

Lui tenait, imperturbable, le décompte des jours à passer sans pluie. On avait connu des automnes tardifs, et des années plus sèches que d'autres. On avait passé des saisons froides sans orages, sans que les éléments se déchaînent vraiment. Des saisons parsemées d'averses sans prétention, de pluies timides et bredouillantes qui humectaient la terre sur quelques centimètres à peine. Il avait paré à cette éventualité. Quelques gouttes, même petites, même clairsemées, suffiraient.

Il advint que, ses provisions épuisées, la taupe souffrît de la faim. Par une ouverture située près des murailles, que nul n'avait remarquée parce qu'on ne comptait plus les trous dans le sol des jardins, elle pointa le bout de son museau. C'était un soir maussade ; la chaleur de la journée se faisait rare et l'on s'apprêtait à remiser tables et chaises pour l'hiver. Il y avait pourtant du monde au jardin, à goûter les derniers soupirs des beaux jours. Au début, on ne remarqua rien parce que l'on cherchait à organiser le rapatriement des meubles. C'est un enfant qui le premier aperçut la petite touffe de poils noirs postée au pied d'une table, à l'orée de son trou. L'animal portait sur la scène un regard effaré. Un regard de taupe, troublé par l'agitation de ces silhouettes claires devant l'écran plus sombre des murs.

« Oh ! Le joli rat ! » clama l'enfant, qui n'avait jamais vu de rat.

« C'est une martre ! » objecta un deuxième, qui n'avait jamais vu de martre.

« Un porc-épic ! » renchérit un troisième qui aimait bien ce mot.

Les adultes abandonnèrent leurs affaires aux premières gouttes de pluie pour se masser au bord du trou. La taupe dut prendre peur car elle y disparut séance tenante. L'instant d'après, en provenance de la guérite du gardien, une exclamation fusa. On accourut, les portes furent ouvertes en grand, et on se porta à la suite de la petite balle noire qui déjà bondissait vers la ville.

C'est le silence, à peine troublé par le murmure des gouttes sur la vitre, qui tira le vieillard du sommeil. Pour que les heures passent plus vite, il avait pris l'habitude de dormir le plus clair du temps. Il sauta presque au pied du lit, son cœur tambourinait dans sa cage, un sourire étirait ses lèvres à en faire craquer la peau. Il revêtit son plus beau costume, coiffa le haut-de-forme qui dormait dans le placard depuis des lustres, s'empara de sa canne à pommeau d'or, et sortit.

Les jardins sentaient la terre mouillée, le sol se teintait de brun à mesure que l'eau s'y déposait. Nulle agitation n'était perceptible, les demeures jetaient un écho silencieux. Certaines portes, certaines fenêtres, n'avaient pas été fermées ; le murmure de la pluie se répercutait dans les longs corridors. Au loin, près du mur d'enceinte, s'amoncelaient tables et chaises. Les grands battants de l'entrée bâillaient devant la guérite. Abandonnée elle aussi. Il pressa le pas. Il s'enfonçait jusqu'aux mollets dans la boue friable.

À hauteur de la dernière habitation, la boue lui grimpa jusqu'à mi-cuisse. Sa canne lui échappa, roula devant lui. Une demeure haute comme une tour fit entendre un craquement grave, comme un appel engorgé. Un second craquement, plus sonore, précéda l'écroulement de la façade nord. Les autres murs, les plafonds, le toit s'effondrèrent sans grand vacarme, aussitôt aspirés par la tranchée qui s'était ouverte sous l'édifice. D'autres constructions ployèrent, disparurent sous la boue, ne laissant à leur endroit que des monticules de terre retournée, comme labourée de frais.

Un instant, le vieil homme aperçut son pavillon. La façade tressaillait, prise d'un frisson. Elle sombra tout d'un bloc dans le sillon qui se creusait sous ses fondations. L'averse forcissait. Un mouvement plus ample de la boue engloutit le vieil homme jusqu'à mi-poitrine. Le haut-de-forme glissa, roula auprès de la canne. Il eut encore le temps d'apercevoir, entre deux nuages effilochés, le soleil qui revenait.

Ses calculs étaient exacts. Une petite averse avait suffi.

JUANITO

Quelqu'un a ouvert la porte de la chambre pour laisser entrer les voix, le bruit de la vaisselle et l'odeur du café. L'obscurité autour du lit s'atténue, un peu de lumière parvient de la cuisine. Si les yeux picotent – il semble que des étoiles dansent au mur –, les genoux, les coudes, les chevilles sont des fourmilières, de petites bosses terreuses qu'un géant malmène du bout de la semelle.

Il faut émerger avant que Juanito ne s'en aperçoive. Il allumerait. Éparpiller les derniers lambeaux de nuit que l'on essaie de retenir, frileusement, comme une couverture autour de soi, ne lui cause aucun état d'âme. Il appuie sur le commutateur, ne perçoit même pas, sans doute, la résistance du triangle en plastique sous la peau calleuse de son index. Il est quatre heures. Il n'y a plus aucune raison de rester couché.

Dans le corridor, à cet instant de la nuit, tout est gelé. Ce n'est plus la fraîcheur que l'on vient trouver après midi, lorsque le soleil cogne sur la dalle en ciment du jardin et rend les taraillettes brûlantes dans les mains. C'est une froidure coupante, presque solide. On touche à peine les poignées de porte afin d'éviter la morsure du métal ; on court sur la pointe des pieds, sans pantoufles parce que celles-ci, dès les premiers jours d'été, ont été reléguées quelque part dans une armoire ; on expédie la toilette pour éviter que les fourmis, toujours actives aux articulations, ne s'éparpillent à l'intérieur du corps.

Et puis on emprunte religieusement le couloir qui mène à la cuisine, en serrant les épaules pour ne pas frôler les murs glacés.

Juanito est sans doute à la cave, occupé à ordonner les palangrottes. Vérifier les plombs. Compter les hameçons. Démêler les perruques, qui datent de la dernière expédition.

Il effectue ces gestes trois fois l'an, quand une journée en mer lui est offerte. Il oublie pour un temps les outils sédentaires, remise bêches, pioches, marteaux, truelles, et s'affaire auprès de la grande caisse en osier qui exhale une odeur de mer vieillie.

De petits cristaux de sel se sont incrustés dans le liège des palangrottes. Ils tombent en poudre fine lorsque celles-ci frottent l'une contre l'autre. Il y a toujours une bobine de fil, énorme, qui trône au milieu des objets. Aussi trois cannes à pêche, dressées contre le mur, que Juanito a confectionnées lui-même avec des bambous du jardin.

À Beni Saf, de l'autre côté de la mer, Juanito préparait ainsi ses pêches miraculeuses.

Quelques gouttes de rhum dans du lait, avec un jaune d'œuf et du sucre. Beaucoup de sucre. Rémédios appelle ça un lait de poule. Le sucre – ou le rhum ? – chauffe la gorge et il semble, parce qu'elle nous l'a dit, que nos forces viennent là, très vite, du fond du bol. Anéantissant les fourmis pour nous aider à affronter la journée.

Du café nous n'avons que l'odeur ; elle traîne autour des tasses vides que les parents n'ont pas encore rangées. Le goût, nous l'aurons plus tard. Dans quelques années.

Dehors, la haie de cyprès se distingue avec peine. Silhouette barbelée, noire sur le bleu sombre de la nuit. Les bêtes dorment encore, le silence est partout, seule la maison produit des sons.

Il semblerait contre nature, ce réveil, si nous n'avions pas rendez-vous avec le poisson. Celui que nous traquerons vit tellement loin sous la surface que le jour et la nuit n'ont guère de signification pour lui.

Il faut arriver avant le monde, pour trouver la bête en forme, et en appétit.

L'Algérie est loin derrière, la famille aussi. Tous pensent à toi là-bas. Tu ne les as pas oubliés non plus. Pour l'instant tu es simplement très occupé. Tu leur écriras dès que possible.

Les navires vous ont débarqués depuis longtemps déjà, et vous ne sauriez compter les jours écoulés à gratter du soulier cette terre italienne. Tu sais qu'il y a des Polonais quelque part, des Américains aussi, qui marchent, s'enfoncent dans le sol comme toi. Tu les rencontreras peut-être un jour, très bientôt, et vous pourrez échanger vos impressions de voyage. Tu leur raconteras l'Algérie ; tu leur présenteras tes compagnons de traversée, ceux qui auront survécu en tout cas. Peut-être que les Américains et les Polonais ne comprendront pas pourquoi la plupart de tes compagnons sont arabes. Peut-être qu'ils n'auront jamais vu d'Arabes. Tu essaieras de leur expliquer la raison pour laquelle tes compagnons arabes défendent à tes côtés cette France qu'ils ne connaissent pas plus que toi. Pour l'heure il s'agit de gravir la montagne. Monte Cassino, tu l'appelles. Tu pourrais aussi dire mont Cassin, mais l'acoustique du mot te rappelle les sonorités de ton espagnol natal. Alors, monte Cassino.

Sur les pentes, dans les éboulis, mais surtout au sommet, là où se trouve le monastère, se tient l'ennemi. Évidemment tu n'as pas peur. Ce n'est pas le cas de tous tes compagnons. Certains claquent un peu trop fort des dents sous leur casque et tu le leur fais remarquer. Ils te font confiance et tremblent un peu moins. Tout le monde fait confiance à Juanito de Beni Saf.

On pourrait continuer à dormir, le front collé à la vitre, une veste sur les jambes. Mais la nuit se décolore si vite, et ces teintes qui naissent là, dans les vallonnements de la Sainte-Baume, glissent du marron au bleu pâle, avec, aux contours, du rose puis de l'orange, de plus en plus affirmé, tout ce spectacle éphémère nous vient sous les paupières à la place du sommeil.

Il faut tourner la tête vers l'arrière pour voir disparaître une ferme endormie dans la brume et dont les tuiles, déjà, virent du brun au rouge pâle. Engloutie par un virage, elle cède la place à des champs minuscules tassés aux pieds des collines. La route file droit tout à coup, son inspiration change en permanence. Des pins avancent jusqu'au bord de l'asphalte, avec du sable autour, de l'argile, quelques détritus.

Sur le siège du passager, la silhouette trapue de Juanito borne l'accès au pare-brise. Les épaules bougent un peu. Le cou s'incline à peine. Un grincement métallique, une odeur d'épices froides. Il vient d'ouvrir la boîte de *chema*, cet objet dont lui seul comprend le mécanisme. Pour chaque narine : deux prises de tabac. Il éternue. Il déplie d'un coup sec le mouchoir à carreaux brodé à ses initiales, se mouche. Se racle caverneusement la gorge. Semble vouloir prendre la parole. Mais rien. Il faut faire le plein de phrases, et garder tout cela dans sa tête pour le soir.

Après une journée de pêche, Juanito sera encore capable de monologuer politique à en décrocher les vitres. Il ne pipera mot avant le dessert. Pendant que nous occuperons le devant de la scène à raconter nos aventures maritimes à Rémédios, lui observera le plus parfait mutisme. La cuillère à soupe ornée de l'aigle enserrant la croix gammée, seul trophée de guerre qu'il s'autorise à exhiber, viendra porter du riz, ou de la semoule, à ses lèvres. Tranquillement comme à vingt ans, ses mâchoires broieront pain et viande. Il nous épatera encore par sa résistance à la piqûre de l'ail et du piment. Hormis cela, il sera un convive discret.

Au fromage, sa respiration s'accélérera. La mastication deviendra bruyante. Nous devrons rester sur nos gardes. Il nous faudra, vite, lancer une conversation à plusieurs voix. Et tout le monde devra participer. Parler. Parler. Fort et sans interruption, car au premier silence Juanito lancera son attaque. Une phrase choc, façon slogan, affûtée durant toute la sainte journée. Un discours suivra. Une houle qui rompra tout net le fil de nos badinages. En orateur aguerri des salles à manger, Juanito mêlera des gestes à ses paroles. Empruntant des itinéraires scabreux, ses gesticulations impérieuses fourniront à ses mots des ponts robustes pour se matérialiser dans l'espace, ses

« r » roulés formeront des berges stables pour débarquer des phrases entières. Par moments, afin de canaliser les plus teigneuses, il moulinera l'air artistiquement, menaçant d'éborgner ses voisins du bout de la fourchette.

Il a des problèmes avec Ssiscard. Ce type arrive toujours pour le dessert, comme s'il avait déjà été invité ailleurs. Quelque chose de politique. Juanito est en contact avec la politique par l'intermédiaire des journaux. Tout ce papier qu'il déplie avant le dîner, lorsqu'il se pose enfin dans son fauteuil, pantoufles aux pieds comme tout grand-père qui se respecte, ces feuilles immenses derrière lesquelles il disparaît pantoufles exceptées pour en revenir l'œil plus sombre et le défi rampant sur la lèvre, ce doit être un nid à politique. Ssiscard, l'ennemi de Juanito, règne sur cet empire de paragraphes tapés serrés.

À La Ciotat, tandis que nous déchargerons le matériel, Juanito s'éloignera cinq minutes pour acheter *La Marseillaise*. Il la laissera sur la plage arrière de l'auto, au soleil, pour que les nouvelles soient encore chaudes à son retour de la pêche. Pour l'heure il se contente de replacer le béret sur son crâne après l'avoir soulevé, geste furtif, le temps de donner une claque là-dessous, du bord du béret, comme lorsqu'il chasse les mouches sur la table.

Peu avant le camp du Castellet, cette pancarte sur la droite : *Charnier de Signes*. Un peu plus loin, le sentier doit déboucher sur un souvenir. Lourd aux existences accrochées depuis longtemps à ce bout de terre. Trois mots. Une poignée de lettres noires sur fond blanc. Comprenne qui saura. Ici on s'est battu. On est mort. On appelait ça la Résistance.

Difficile de dire si l'inscription, pour Juanito, contient la même amertume que monte Cassino. Lui ne parle de rien, ne montre rien. Il se nourrit de phrases pour ce soir.

Sans doute, des explosions lointaines parviennent-elles jusqu'à toi. Des rafales, portées par le vent, ou par l'écho chevauchant les pentes du monte Cassino. Bientôt ce seront des cris, désordonnés, des exclamations brèves, hachées, exprimant des intentions différentes. L'espace autour de toi en sera saturé, tu sais qu'il te faudra quand même y trouver ton équilibre. Mais c'est le silence à présent qui te dérange. Ces plages de calme trompeur, même brèves, qui semblent se glisser entre les couches de l'atmosphère pour endormir ta vigilance. L'attente deviendra ton ennemie. Il te faudra pourtant la supporter, rester à l'affût pour ne pas laisser passer le moment décisif. Car les choses peuvent se précipiter. La vie, parfois, n'est qu'affaire de réflexes.

Inspiration contrastée. La route a perdu sa ligne droite. Les constructions humaines recherchent perpétuellement la meilleure adaptation possible. Lorsque le relief s'incline, pour approcher la mer le lacet paraît une formule appropriée. Épingle à cheveux, rétrograder, faux plat, virage serré, descente appuyée, frein moteur, des arbousiers s'avancent comme pour lorgner à l'intérieur du véhicule, disparaissent aussitôt, mur de pierre sèche. Quelque part au bout de ce chemin qui prend source à gauche une propriété cossue se tapit derrière un rempart de chênes et de pins d'Alep. Un cycliste, silhouette bariolée, au dos voûté, halète, les doigts refermés sur les freins, danse un instant à notre hauteur, là, juste de l'autre côté de la vitre.

La main droite de Juanito, passée dans la lanière de cuir pendue au-dessus de sa portière, lui assure une assise impeccable. À peine si les épaules balancent. C'est un roc porté, un bloc roulant d'une rive à l'autre du paysage.

La Ciotat.

On pénètre ici par l'entrée des artistes. Au bord de la mer les villes constituent d'étranges amphithéâtres. Elles tournent résolument le dos au continent ; c'est à la Grande Bleue qu'on doit faire bonne mine. On ne sait jamais qui pourrait venir ; cette route-là est si vaste qu'il a fallu installer au sommet des crêtes une vigie pour surveiller l'horizon. Un demi-disque bleu sombre, bordé par des falaises rouges, coupant devant le bleu plus tendre du ciel. Les points de repère y sont minuscules ; ils se déplacent en permanence. Chalutiers et plaisanciers se partagent une vaste cour d'où, seul paramètre immobile, émerge la chevelure embroussaillée de l'île Verte.

Il faut longer les plages, puis un collier de bassins décorés d'embarcations lilliputiennes, pour enfin stationner sur un terrain goudronné, tout contre la mer.

Pour Juanito ses enfants ont acheté un bateau. Un de ces jouets à moteur qui font sourire les mordus de la voile. Il y a bien un mât, que l'on peut utiliser selon l'envie ou le besoin, mais rien là-dessus n'est destiné à autre chose qu'au plaisir rapide. Le *Poisson Volant*. Un nom donné par nous, enfants, pour un bateau enfant. Ce n'est même pas un bateau dans l'eau. Rangé sur un casier, à trois mètres du sol, il est tributaire du monte-charge qui vient le cueillir à la demande. C'est souvent cet homme barbu et jovial que l'on va chercher dans son garage, derrière l'empilement des embarcations. À la vue du plaisancier il interrompt aussitôt son bricolage et s'élance, athlétique, sur le siège de l'engin stationné tout près.

Posé sur les deux rames du monte-charge le *Poisson Volant* s'élève en oscillant, quitte son socle métallique. Des câbles distendus, attachés quelque part sur le mât, produisent des chuintements sonores. Notre esquif est acheminé, nous tous processionnant derrière, vers le port où l'engin le dépose en douceur. Bien après que la coque a pris appui sur l'eau, les deux rampes métalliques s'enfoncent encore, puis attendent là-dessous, pas plus visibles qu'une ombre diffuse, que José, monté sur le pont minuscule, ait éloigné le bateau à l'aide d'une gaffe. Alors elles remontent, émergent ruisselantes et tournent rapidement le dos à la mer pour disparaître au-devant du véhicule sitôt que le barbu nous a adressé un « Bon vent ! » jovial du bout de l'oreille.

Une bouche noire vient de cracher son feu au-dessus de ta section. Des fleurs mauves éclosent à présent autour de vous. Tu vois des compagnons s'élever dans le ciel, leur silhouette se détache un bref instant sur le bleu pâle. Elle semble s'y incruster, puis elle retombe en produisant un bruit mat sur la terre. Tu progresses avec assurance, même si du sang poisse tes semelles. Même si, tout près de toi, la terre se soulève par mottes entières, noie hommes et choses dans un poudroiement fauve. La rage a élu domicile dans ton cœur. Tu cherches l'ennemi, tu le guettes. Pour l'instant tu es encore aveugle, tu es encore trop loin de lui. Mais tu domineras ton impatience. Tu es devenu le maître de l'attente.

Les vieux caboteurs amarrés dans le port défilent devant nous. José guide à petits coups de rames bien ajustés la progression du *Poisson Volant* dans le chenal qui serpente entre leurs rangs serrés. Il ne lancera le moteur qu'à la sortie du port.

Par-delà les mâts qui tremblotent sur le côté sud, on aperçoit la tête des grues du chantier naval. Dinosaures dont ventres et pieds n'apparaîtront qu'ensuite, de la pleine mer. Animaux puissants dont les muscles s'ankylosent à ne plus rien faire. À la fermeture définitive du chantier, il faudra décider de leur sort. Les capturer pour les conduire au cimetière des animaux industriels, ou les enfermer derrière les grilles d'un zoo pour monstres métalliques.

Juanito touille sa platée de *broumedge*. Des croûtes de gruyère remontent à la surface, se mêlent à des quignons de pain ramollis. L'odeur n'est pas si forte et l'imagination a de la ressource : pour un peu on deviendrait poisson, et on ingurgiterait le mélange en songeant que ce n'est pas plus mauvais que de la pâtée pour chiens.

L'étale poisseuse du port, sur laquelle des nappes d'huile dessinent une mappemonde arc-en-ciel, se dilue lentement dans l'eau plus profonde du petit large. Le moteur crachote un peu derrière. José nous promet quelques minutes à la barre une fois quittée la zone de passage. Vers les plages, des enfants à la tête coiffée de bobs colorés manœuvrent une flottille de bateaux à fonds plats dans le sillage de leur moniteur. Plus au large, les 420 des ados sans peur ni bobs colorés cherchent des sensations plus fortes. Nous les dépasserons bientôt.

Nous avançons sans idée précise. Aucun d'entre nous – pas même Juanito – ne maîtrise la cartographie sous-marine des pays poissonneux. Aussi bien, un essai tout près des plages nous permettrait de remplir sans attendre notre seau de friture. Mais il faut quand même un peu de chemin, toujours, pour que l'aventure vaille la peine d'être racontée.

Tu l'as tiré comme un lapin. Tu ne l'as pas vu tomber car tu avais peur des autres qui t'arrivaient dessus. Il est mort.

Tu l'as tiré comme un lapin. Tu l'as vu tomber car il était seul devant toi. Il s'est affalé, la nuque brisée par ton coup de feu, la tête cassée, ou le cœur, ou le ventre. Il gît à quelques pas, j'entends son râle. Ça y est. Il est mort.

Il y a eu corps à corps. Tu l'as tué de tes mains. Enfoncé une lame dans ses chairs pour les ouvrir. Il t'a coulé dessus tout entier. Il est mort.

Vous avez lutté à mains nues. Tu as serré son cou jusqu'à ce que les vertèbres craquent, jusqu'à ce que la langue gonflée cesse de gesticuler hors de la bouche et que les poumons interrompent leur bruit pitoyable de succion. Il est mort.

Tu l'as blessé mais il se débat, s'agrippe à toi comme un cancer. Tu enfonces ta main dans sa gorge pour lui défoncer le larynx. Il est mort à présent. Tu l'as assassiné, Juanito. Tu as fait cette chose-là ; et à cet instant précis c'est bien la mort que tu voulais causer. Tu le voulais même terriblement.

Un crissement métallique. Une odeur poivrée, envie d'éternuer.

La boîte de *chema* est ouverte dans la main gauche de Juanito. La droite fait plusieurs allers-retours pour convoyer entre pouce et index des prises généreuses jusqu'aux narines. En dessous, la fière moustache blanche participe au cérémonial. Cette même moustache, maculée de poudre brune, avait un jour arraché à la voix de fausset d'Eugénie, sa commère, un suraigu : « Juan, vous saignez ! »

Juanito referme la boîte en reniflant bruyamment. Il se détend, s'installe plus à son aise sur le pont, fixe la mer autour de nous. De la poudre macule son marcel. Le soleil le fait cligner un peu. Il replace son béret vers l'avant, cligne un peu moins, et attire vers lui la caisse aux palangrottes.

Grincement des fermoirs en osier, consistance râpeuse des rectangles de liège qui passent de main en main. Juanito distribue, le front penché vers l'attirail, les pieds écartés à dix heures vingt. C'est une machine à distribuer. Deux palangrottes chacun, toutes ont été vérifiées. Aucune perruque, les plombs sont neufs, les hameçons scintillants. À nous de jouer. L'endroit ne semble pas plus mauvais qu'un autre pour un premier rendez-vous avec la friture.

Cinq pêcheurs. Dix palangrottes armées de deux plombs chacune, et d'autant d'hameçons. Quarante pièces métalliques en tout crèvent la surface étale. Quarante impacts sur la peau sombre de la mer. Une fusillade dans les règles : la nappe liquide, surprise, demeure un instant agitée autour des impacts. Puis elle se referme. Seul le fil émerge, constitue le lien entre nos doigts et le fond de l'eau. Plombs et hameçons bientôt ne sont plus que de vagues poussières blanches qui filent vers la nuit. Cent vingt mètres de pelote suffiront à peine.

Les plombs filent, aveugles. Ils vont trouver une proie au fond. Une proie que le hasard nous aura désignée. Girelle, abadèche, sar, bogue ou rascasse égarée dans les hauts fonds. Une proie. Peu importe laquelle. L'hameçon lui-même ne décide pas. N'exécute pas. L'hameçon demeure inerte. C'est le poisson qui s'enferre à tomber dans un jeu dont les règles lui sont inconnues.

Ce que voient nos yeux n'importe plus, nos oreilles ne cherchent aucune orientation dans l'espace, le souffle salé de la brise sur nos bras piqués de chair de poule demeure sans effet sur ce que fait notre corps. Nos sensations tiennent tout entières en un point de contact infime, au milieu de notre index, creusé par le fil qui nous relie à la scène qui se déroule dans les profondeurs. On ne peut que déduire, d'après les variations dans la tension du fil, des événements improbables. L'expérience nous apprend à déceler des nuances, des signaux variés et complexes dans ce qu'exprime le fil au contact de notre peau. Des hypothèses se construisent, plus précises à chaque séance de pêche.

Viennent des réflexes. Nos mouvements répondent à des signaux émis en contrebas, par cent vingt mètres d'obscurité. Juger du moment opportun pour tirer, d'un coup sec. Enferrage. Remonter la ligne sur quelques mètres, marquer une pause, très courte, soupeser pour vérifier que le poisson est bien accroché, puis amorcer la remontée, d'un mouvement régulier, veiller à enrouler le fil proprement sur les caisses pour éviter les perruques.

Au début, la masse résiste, pèse et se débat. Il faut tirer fort, comme si on voulait soulever la mer ; à l'affût, les autres tendent démesurément le cou, guettent l'instant où la prise naîtra à l'air libre, frétillante de douleur, avant de retomber du bon côté du bord. On s'encourage. On suppute ferme. L'espèce. La taille. À en juger d'après la tension du fil, il se pourrait que ce soit du gros. Lorsque la bête apparaît, on l'identifie en un clin d'œil. Il flotte toujours une déception quant à la taille. Il s'agit à présent d'extraire l'hameçon, qui peut-être aura tracé dans le ventre un chemin sanguinolent. Il faut supporter le regard de ces yeux pâles, dépourvus de paupières, immobiles et noirs comme ouverts sur un secret de l'autre espèce. Ne pas faire attention à cette glaire rose, grenée de bulles, qui dégorge par la petite gueule ouverte et se répand sur le corps écailleux, graissant nos doigts, abandonnant – une fois le poisson lancé dans le seau avec les autres – une trace luisante sur nos paumes ouvertes. L'opération doit être rapide, les mouvements peu nombreux, pour ne pas embrouiller le fil.

Juanito atteste. Ses commentaires valent de l'or.

Durant quelques minutes encore, la nouvelle prise ajoutée aux autres corps entremêlés dans le récipient donnera des signes de vie. Sporadiquement, elle agitera l'eau du seau, cessera de bouger durant quelques minutes, s'excitera de nouveau. Occupés comme nous le serons à guetter les signes émis des bas-fonds, nous ne remarquerons pas l'ultime secousse.

Ce soir, au port, nous débarquerons un plein seau de petits corps tout raides.

MISSERGHIN

Il y a, au sortir d'Oran, cette route poussiéreuse qui mène à Misserghin, ce trajet brinquebalant dans la vieille Auto-Jaune. Halte à Brédéa, pour faire un signe aux cigognes qui gîtent là, sur les toits les plus hauts. Descente vers la plaine avec les marais de la Sebkha en toile de fond au détour d'une grande courbe paresseuse. Aloès, figuiers de barbarie. Et puis aussitôt, la piste se coule dans un vallon moussu, oasis dans la garrigue, citronniers, orangers, pamplemoussiers, clémentines au goût frais et à l'odeur enivrante de feuilles vert foncé. Le domaine de Misserghin. La grande ferme des mercredis après-midi. Avec son labyrinthe mystérieux de couloirs, de pièces, de terrasses et de vues sur le verger. Mosaïque d'odeurs, de sons, de personnages entr'aperçus dans la semi-obscurité tandis que sur la peau la fraîcheur de la demeure dépose son baume apaisant.

L'aïeule occupe la grande pièce aux volets en cabane où l'on servira le thé bientôt. Elle est assise sur un tapis, le dos au mur, perdue dans l'observation d'un angle du plafond, toujours le même. Les-sœurs-de-Salem s'activent pour préparer le thé à la menthe et les *m'semen* ; l'odeur du miel se répand dans toute la maison. Les-sœurs-de-Salem sont des fées qui commandent au royaume du sucre. Rezoug, au regard bon, s'occupe des parents au contour de la bâtisse, parlant de botanique ou de volaille. Salem, l'Ancien Élève, celui qui nous a introduits ici voici plusieurs années. Les petites filles, toutes de nattes et de rubans, dont les sandales se soulèvent si haut vers l'arrière lorsqu'elles détalent dans un couloir. Leurs yeux brillants !

Lahouari.

Lahouari-le-fils-de-Rezoug. Lahouari aux grands yeux verts comme des amandes, au droit regard limpide qui m'expliquait, en arabe, les histoires multiples qui couraient sur cette garrigue algérienne au surplomb de la ferme ; les histoires sautent comme des djinns entre les racines et les pierres chauffées. Le regard de Lahouari se fait insistant, complète les manques, éclaircit les mystères des mots que je ne comprends pas. Lahouari qui était cet autre, ce frère auquel je laissais accomplir en rêve ce que je m'interdisais. Cet autre moi-même qui disparaissait – j'ai dû le tuer vingt fois, cent fois – dans ces fautes miennes.

Il est devenu un homme et a gardé cet air sérieux, ce regard clair et droit, et ce mystère qui signifie, peut-être, qu'il a toujours compris mes rêves. Ou peut-être est-ce le mystère qui s'installe entre deux adultes lorsque ceux-ci, sortis de la communauté de l'enfance, parlent une langue différente.

Ce jour-là – ce jour de mémoire inventée qui s'est imprimé en moi comme un jour étrangement réel –, le goûter avait été expédié tôt dans l'après-midi (mais dans les rêves la notion du temps ne compte guère face au profond sillon laissé par les images, même inventées).

Nous étions deux dans la garrigue. Deux chasseurs d'aventure. Lahouari. Ses yeux amande encore plus agrandis que jamais. Moi. Qui croyais suivre son ombre et qui étais en réalité le maître du rêve. La garrigue au-dessus de la grande ferme. Les vergers touffus dans la combe, provocation au désert alentour. Armés de frondes en alfa ramassées comme souvent dans les épineux, abandonnées par les bergers oisifs. Frondes innombrables parsemant les collines aux endroits où les troupeaux avaient stationné. Dans nos poches des cailloux bien ronds s'entrechoquaient à chaque pas. Des rêves de soldat des temps anciens passaient dans l'air, des aspirations farouches. Et le soleil tapait sur la roche blanche des collines, diluant les pierres en des formes vaporeuses, évanescentes. Mais le soldat n'a pas peur des mirages. L'enfant-soldat fait confiance, toujours, à sa bonne étoile. L'enfant qui rêve est toujours un soldat vainqueur. Il traque l'ennemi dans les collines arides ; il ne craint pas la soif, la chaleur n'est qu'une épreuve sur sa route. Il la passera. Accompagné de son plus fidèle compagnon, son mentor, son ami qui le suivrait jusque dans la mort, il va au-devant de l'aventure qui, il le sait, a été convoquée pour lui aujourd'hui. Le destin ne ment jamais. Bientôt l'épreuve surviendra où il lui faudra faire face.

Lahouari s'élance sur une pierre haute. Il surplombe le panorama de collines pierreuses, trapues, qui bornent l'espace au nord du domaine. Son regard s'aiguise, il fixe de manière convulsive un point en contrebas. Sa main fait un signe bref mais autoritaire. « Attends ! »

« Ce ne sont que des moutons. Peu nombreux », semblent exprimer ses gestes. Mais la magie de l'aventure est en nous. Ce troupeau cache quelque chose. Les djinns ! Ces bêtes sont maléfiques. Et les rochers mènent à présent une sarabande autour de nous, envoient des éclats de calcaire embrasé sous nos paupières. Le groupe épars des bêtes s'est lové en une masse compacte. Agressive. Pendent les frondes à nos ceintures. Pèsent les cailloux dans nos poches. Qui se retrouvent dans nos mains, bandées, prêtes à parler. Lahouari hésite. Son regard baissé m'effleure, comme à chaque fois, comme à chaque infamie. Je dirige. Ordonne. Et Lahouari se redresse, en automate, vise. Une bête s'abat lourdement, tandis que les autres s'égaillent en toutes directions, ne laissant sur la roche blanchie qu'un cadavre encore chaud.

Il n'y a plus de djinns. Les rochers ont repris leur position autour de nous. Solides comme au premier jour. Lahouari tient à nouveau sa tête baissée. « Alouah ! » Ses lèvres se pincent autour de ces deux syllabes, et il saute au bas du promontoire.

Au retour les ronces sifflent à nos chevilles, laissant une trace sanglante sur notre peau. Le soleil bas découpe des ombres inanimées sur le contour des rochers et des arbustes. La garrigue prépare son deuil tandis qu'à nos tempes bourdonne le chant plaintif de nos doutes. Bientôt la ferme apparaît, massive. Auréolée d'un calme pesant. Et si rien ne s'était passé ! Déjà notre esprit se défend, tente de se dégager d'un songe comme au matin d'un mauvais rêve. Mais la ferme est là, mussée dans la pénombre. Les petites filles qui jouaient dans la cour sont rentrées, et le lieu semble déserté.

Dans les couloirs l'agitation s'est muée en une torpeur épaisse, et le regard de l'aïeule, dans la grande pièce, est absent. Il fixe encore un angle, toujours le même, mais une ombre est venue altérer son expression. Les-sœurs-de-Salem, assises en cercle autour d'elle, ne remarquent pas notre retour. Lahouari comprend. Il me fait signe de partir. Comme je m'éloigne, je le vois sortir et prendre la direction des collines.

Je rejoins les parents dans l'Auto-Jaune. Leurs nuques sont muettes. Aussitôt installé, le véhicule démarre. Le paysage défile autour, le chemin encombré de ronces, la poussière derrière nous. Et puis, en haut de la dernière colline une ombre se dresse. C'est un bloc de calcaire effilé, de la taille d'un petit garçon. Un appel pétrifié. Un reproche ? C'est Lahouari. Ma victime avalée par la roche.

Maintenant je le sais. À Misserghin, Lahouari était pour moi, en rêve, l'acteur de mes pensées les plus mauvaises.

HISTOIRE DONT VOUS N'ÊTES PAS LE LECTEUR

Le canot glisse lentement sur la pente couverte d'algues. De sa proue fracassée quelques échardes se détachent parfois, flottent un instant au-dessus de l'épave. Le courant les emporte au loin en faisant scintiller des éclats de peinture blanche. Sur le fond de l'embarcation, logée derrière une grosse planche effondrée, repose une petite boîte en fer-blanc ; le couvercle, au gré des ondulations de la houle, réfléchit le soleil à la manière d'un vague signal.

À cette profondeur la pression n'est pas encore dangereuse, mais vous n'êtes pas équipé pour y demeurer longtemps. D'un coup de reins, vous vous approchez du canot, agrippez le bord arrière des deux mains. La pression fait bourdonner vos oreilles. Vous détaillez rapidement la coque de l'embarcation, dont seul l'avant semble avoir souffert. Puis vous saisissez l'objet qui vous avait d'abord attiré, vous le bloquez contre votre torse, et regagnez la surface en accompagnant votre remontée par de légères ondulations.

Sous la falaise en forme d'aigle gigantesque à l'affût, la roche rouge offre de rares plates-formes émergeant des eaux sombres où la lumière se perd. Par la terre, l'endroit est inaccessible, et les navires évitent les tombants abrupts qui semblent protéger l'intérieur sur plusieurs kilomètres. Au loin, devant l'île Verte, dernier jalon de côte avant la vertigineuse étendue métallique de la Méditerranée, quelques plaisanciers cabotent au milieu des flotteurs indiquant l'emplacement de filets.

Vous avez posé l'objet devant vous, en équilibre sur un large galet. Sur votre peau ruissellent quelques gouttes limpides que le soleil transforme en auréoles cristallines. Vous considérez la boîte dont le couvercle éblouissant devient plus terne à mesure que le dépôt salin se matérialise à sa surface. Les fermoirs articulés jouent sans peine. Aux deux tiers vide, elle renferme une enveloppe blanche recouverte en entier d'un ruban adhésif transparent, comme si on avait voulu protéger son contenu. L'enveloppe n'a pas été timbrée, et ne semble porter que le nom et le prénom du destinataire. Un peu d'eau a filtré par les interstices des fermoirs, et des gouttes se sont déposées sur le papier, agrandissant certaines lettres à la manière d'une loupe. Vous la prenez délicatement entre vos doigts, et aussitôt une sensation de chaleur vous parvient, comme si quelque chose de vivant palpitait à l'intérieur. Du plat de la main, vous essuyez les gouttes, qui laissent de minuscules traînées sous les deux mots formant d'une écriture maladroite votre prénom et votre nom.

Sur la table basse du salon, l'enveloppe étincelle telle une feuille d'or dans la traîne d'un rayon de soleil qui se brise au bord du meuble et poursuit son chemin sur les tomettes en une nouvelle droite parallèle. De la pointe des ciseaux, vous écartez un coin. Puis, avec la minutie d'un chirurgien, vous introduisez la branche la plus fine de l'instrument dans l'ouverture. Vous entrouvrez son corps de papier, dont la protection translucide rend l'opération difficile. Au dernier coup de ciseaux, vous retenez votre souffle. Vous extirpez une demi-feuille pliée en deux parties inégales, arrachée à un cahier d'écolier. Vous hésitez. C'est comme si un être attendait là, peut-être tapi entre les lignes à l'état d'hibernation, et qui ne désire que votre regard pour renaître. Et vous lisez ceci :

Le canot glisse lentement sur la pente couverte d'algues. De sa proue fracassée quelques échardes se détachent parfois, flottent un instant au-dessus de l'épave. Le courant les emporte au loin, faisant scintiller des éclats de peinture blanche.

DOUZE MÈTRES CUBES DE LITTÉRATURE

On l'a trouvé là, tout mou, aplati sur le couvre-lit. Presque un motif brodé en relief, n'eût été la bosse du crâne. Un sac d'os et de chairs parcheminées, avec ce petit bulbe posé sur le livre qu'il tenait dans les mains.

L'ouvrage provenait du carton volumineux qu'il avait laissé dans la cour par manque de place. Hugo s'abîmait la vue dans ces livres jaunis, innombrables, qu'il ne prêtait pas, ne recommandait guère, et dévorait jusqu'à épuisement de ses forces.

Rédiger des articles complaisants pour que les *Références littéraires* conservent la faveur des annonceurs n'empêchait pas Hugo de nourrir des opinions personnelles sur la littérature de son temps. Hugo faisait ce qu'il pouvait, quand il le pouvait, pour soutenir les auteurs qu'il jugeait méritants et dont le malheur consistait à publier sous des enseignes peu fortunées. Mais il lui fallait vivre aussi, et sa propre fortune dépendait du nombre de piges publiées par les *Références*. Haï par la majorité des auteurs, toléré par ses supérieurs, il échouait chaque jour dans sa tentative de concilier journalisme et critique littéraire.

Il n'y avait guère que les revues indépendantes pour lui offrir des espaces de critique sincère et argumentée. Sous un nom d'emprunt (Georges Durit), il signait bénévolement des chroniques dans ces opuscules à la diffusion maigrelette et à l'espérance de vie limitée.

Il avait aménagé son bureau de façon pratique. Pour y passer le moins de temps possible. Contre le mur, en position verticale, se dressaient les ouvrages qu'il devait lire pour les *Références*. Ordonnés de gauche à droite par ordre croissant de priorité. Parvenus à son adresse avant leur sortie en librairie, ils bénéficiaient avant lecture d'une sélection qui ne fluctuerait guère, et correspondrait peu ou prou au nombre d'exemplaires vendus. Hugo en était conscient, sa plume n'était qu'un instrument destiné à parfaire un succès économique.

Timidement, des livres publiés sans tintamarre s'introduisaient aussi dans sa boîte aux lettres. Hugo s'agaçait, puis s'émouvait tour à tour devant la naïveté des expéditeurs, qui jamais n'obtiendraient une seule ligne dans les *Références*. Lorsque l'émotion l'emportait il jetait un œil à l'intérieur. L'écriture l'aguichait-elle, il ajournait ses travaux en cours pour plonger des deux yeux dans l'ouvrage ; celui-ci parvenait-il à maintenir son intérêt jusqu'au bout, il se levait d'un coup sec, traversait la pièce embazardée jusqu'à l'entrebâillement de sa chambre, puis lançait l'ouvrage sur son lit avec l'intention de passer la nuit, crayon en main, à noircir les marges de commentaires en vue d'une chronique qu'il signerait Georges Durit dans une revue indépendante au grand cœur. Après quoi il revenait vers son bureau, jetait un regard empli de lassitude au rang de lectures tolérées par les *Références*, et tombait lourdement sur son tabouret.

Incapable d'augurer du contenu d'un ouvrage, il s'attelait à la dissection de chacun d'entre eux, prenant des notes, marquant des pauses pour méditer un chapitre, une phrase capitale. Souvent, au quart du livre, sa lecture s'accélérait. Il s'autorisait à sauter des lignes, puis des pages, puis des chapitres. Le livre lui filait entre les doigts, glissait comme une savonnette. Faisait-il partie des incontournables, Hugo imaginait déjà la teneur de son article. Il existait, inventées par d'autres et passées dans le jargon usuel des pigistes, des formules destinées à dissimuler son manque d'enthousiasme. Un style ne l'avait pas convaincu, qu'il lui fallait pourtant défendre, il utilisait la plus équivoque. « Au vitriol », « au scalpel », « sans concession ». Autant de formules vidées de leur sens, et dont il usait avec la même régularité que ses confrères pour encenser des œuvres qu'il trouvait fades. Si le commun des lecteurs, et la direction des *Références*, n'y voyaient que du feu, un petit nombre d'amateurs roués au langage de la critique lisait ici des exhortations codées à boycotter l'ouvrage. Une exclamative aussi dépourvue de signification que « Excellent ! », « Du jamais lu ! », « Splendide ! » désignait la soupe littéraire du plus bas étage qui soit. Un développement trop appuyé sur l'enfance difficile d'un auteur, ou sur sa relation intime avec quelque grand nom, pointait sournoisement le manque de personnalité de son écriture.

À Georges Durit, il réservait un autre traitement. Le soir venu – il s'arrangeait pour se débarrasser des chroniques officielles dans l'après-midi puisque, avec son habituelle et exécrable tendance à la généralisation, il déclarait que la nuit appartenait à LA Littérature –, il s'allongeait en compagnie des indésirables sauvés durant la journée, misérable couvée à laquelle il s'efforcerait, lui, de rendre un filet de vie.

Il ne dormait guère. Allongé sur son dessus-de-lit, armé d'un crayon gris, Georges Durit biffait, annotait, tournait, retournait les pages, avançait, reculait, biffait de nouveau, annotait encore, colonisait l'espace des interlignes, puis, après avoir relu – par quel miracle ? – ses commentaires, il rayait des mots, des phrases, cherchait à isoler l'idée maîtresse. Grand bannisseur des formules ampoulées, il avait inventé quelque chose. La « métaphore du microscope », ainsi l'avait-il baptisée. Il la plaçait souvent, lorsque nos conversations s'égaraient poliment sur son terrain de prédilection :

« Le critique qui se regarde écrire est un chimiste raté. Un chimiste qui aurait oublié l'objet de son étude pour se lancer dans l'observation de son microscope. »

Mais qui lisait Georges Durit ?

Accablé par son sentiment d'être inutile à la noble cause qu'il défendait, notre ami menait une existence de vieil ours désabusé, tant aigri parfois qu'il n'avait pas la force d'être cynique. L'idée se faisait jour en lui que la créativité se mourait parce que arrivée à son terme. Son époque serait celle du dernier livre. En arpentant le monde souterrain de l'écriture de création Georges Durit voulait découvrir ce dernier livre.

Hugo n'était pas un fidèle de nos réunions. Il passait de temps à autre – notre compagnie ne devait pas lui déplaire, au fond – mais il ne s'attardait pas. L'idée de perdre des instants précieux sur son temps de lecture le rendait anxieux. Ses fins de mois étaient difficiles. Hugo n'avait jamais su faire autre chose que lire. Il ne pouvait se permettre de décevoir ses employeurs. Il ne désirait, d'ailleurs, décevoir personne et même – surtout – dans ses moments de haute aigreur, le type était capable de s'envoyer deux fois plus de pages que d'habitude.

Dans sa vie, Hugo a souvent perdu le goût de la lecture. Jamais il n'a cessé de lire. C'était un peu comme si la lecture l'attirait à elle, pour le meilleur et pour le pire.

Hugo n'a rien dit au sujet du carton. Nous n'avons pas su pourquoi il l'avait reçu, ni appris l'identité de son expéditeur. Il est possible que lui-même ait ignoré ces choses. Je me souviens du soir où, inquiets de son absence à nos réunions, nous sommes allés frapper à sa porte. Il y avait, dans la cour intérieure de l'immeuble, à peine dissimulée sous l'escalier qui montait vers son logement, une masse rectangulaire aux côtés réguliers. Un carton volumineux, de la dimension d'une grande palette d'imprimerie. En approchant un peu, on entrevoyait la tranche de centaines, de milliers de livres. Un orage menaçait. Nous nous sommes permis de rabattre le côté supérieur du carton avant de prendre l'escalier.

Nous avons délogé Hugo de sa chambre – c'est ce qui est apparu après qu'il nous eut fait entrer, peut-être heureux de nous voir. Il semblait plongé dans la lecture d'un ouvrage, celui-ci était grand ouvert à la tête de son lit, relié de cuir vert sombre. Alentour, ni crayon ni carnet de notes. D'autres reliures vert sombre attendaient au pied du lit.

Notre visite – ce fut la dernière – dura peu, bien qu'Hugo ait tenu à nous offrir un café, froid et un peu fadasse.

Après, le cours des événements sombre dans l'hypothétique. Il est évident que notre version des faits ne contient qu'une part, une part très mince, de la vérité. Durant les derniers mois de sa vie, Hugo ne rencontrait plus grand monde. C'est en recoupant plusieurs témoignages que nous sommes parvenus à esquisser un cheminement. Plausible, quoique incomplet. Un peu comme on établit un portrait-robot.

En découvrant dans la cour le carton volumineux, Hugo était monté chercher un outil tranchant avec lequel il avait pratiqué une ouverture sur le bord supérieur. Les livres qui composaient la première rangée, ainsi que la suivante, puis, enfin, toutes les autres, étaient d'épaisseurs variables, mais tous reliés de cuir vert sombre. Une palette de 2 m × 3 m × 2 m, cela représentait 12 m^3 de littérature. Une quantité d'autant plus impressionnante qu'il s'agissait, comme il le vérifia sur-le-champ, de titres différents, tous publiés sous la même enseigne – il ne trouva nulle mention de l'éditeur dans ses fichiers – et tous attribués au même auteur.

À l'époque de notre visite, la découverte était sans doute assez récente. Hugo s'était déjà plongé dans la lecture des premiers tomes. Il n'en parlait guère, lisait toujours autant pour les *Références* et poursuivait sous le pseudonyme de Georges Durit son entreprise de sauvegarde des trésors littéraires en péril. Je crois que, durant cette période, il a oscillé entre deux continents littéraires.

Par la suite, il semble que les ouvrages reliés de cuir vert l'aient aspiré. Ceux qui le croisèrent ne notèrent aucun changement significatif dans son attitude. Affable jusqu'à l'excès, Hugo était une personne dédoublée, animée de l'intérieur. Percer à jour une telle individualité s'avérait d'autant plus ardu que cet intérieur même abritait plusieurs doubles. Simplement, il était un peu plus maigre.

Inquiets, n'osant le surprendre à son domicile, nous guettions la parution de ses articles dans les *Références*. Le H. paraphait toujours ses chroniques. Pourtant, à ce que nous expliqua Oscar, notre cafetier féru de littérature, le ton était devenu encore plus lyrique. Oscar avait tapissé les murs de son établissement avec les pages du *Don Quichotte*, et il apportait à ses clients des additions décorées de haïkus. Il était capable, à la lecture d'une seule phrase d'Hugo, d'établir un diagnostic sur son état psychologique. Or ici, les compliments faisaient avalanche, les ouvrages récoltaient louange sur louange. Oscar était formel, cela trahissait chez notre ami le stade suprême de son dégoût pour cette littérature officielle – ainsi la nommait-il – dont dépendaient ses maigres revenus.

Trois semaines avant le décès d'Hugo, les *Références* ne donnèrent plus de ses nouvelles. Avec l'aide d'Oscar, nous vérifiions le pied des chroniques, traquant l'initiale jusque dans le moindre pli du journal pour prendre acte de sa disparition. Nul ne croisait plus notre ami aux abords du café. Sa silhouette décharnée manquait derrière la porte vitrée où il apparaissait d'ordinaire, nous signifiant, en signes furtifs, qu'il ne pouvait nous rejoindre parce qu'il avait à lire – à ce moment de sa phrase gestuelle Hugo étendait les mains devant lui, demeurait immobile quelques instants, les yeux rivés sur ses paumes ouvertes, et disparaissait en laissant traîner deux doigts remués distraitement à notre adresse.

À cette époque, nous étions particulièrement désœuvrés. Nous faisions le guet à tour de rôle devant son immeuble. L'observation d'une habitation humaine fournit une quantité d'indices insoupçonnée sur les mœurs de ses occupants. L'immeuble d'Hugo, s'il ne dévoilait pas ses états d'âme, donnait de notre ami des signes de vie. Sa fenêtre était éclairée dès le crépuscule. Nous l'imaginions à l'œuvre, allongé, les yeux enfoncés dans une épaisse couche de caractères noirs sur fond blanc. Postés à certaines heures sous le porche de l'immeuble, nous pouvions entendre le grincement des marches qui de son logement le menaient dans la cour. Hugo s'approvisionnait dans le carton dont – nous nous aventurions parfois à le vérifier – le contenu ne diminuait guère. Il ne choisissait pas, emportant toujours la rangée de livres la plus apparente ; son souffle court s'élevait à grand-peine, sifflait bruyamment ; Hugo perdait beaucoup de forces en lisant. Mais il voulait parvenir au bout. Ce qu'un seul auteur avait pu écrire, lui pourrait le lire. Jusqu'au dernier livre. Hugo – il l'avait expliqué à Oscar – découvrait un univers inédit sans que jamais sa mémoire ne déloge une phrase convenue, un effet médiocre, un thème rebattu. Douze mètres cubes de littérature. Douze mètres cubes de créativité à l'état pur.

La respiration haletante de notre ami nous impressionnait. Nous n'osions pas nous montrer. Peut-être n'avait-il plus la force de parler. Le grincement des marches sous les pas d'Hugo s'atténuait, pour devenir presque le grattement des pattes d'un petit oiseau. Elles grinçaient un peu plus lorsqu'il remontait, les bras chargés, le souffle aussi strident que l'appel d'un chat-huant.

En somme cette quantité de mots, de phrases, de paragraphes, de chapitres, de tomes ingurgités constituait peut-être une overdose d'idées nouvelles, ouvrait des pistes trop vastes et trop riches pour être digérées par un seul être.

Ceci est notre hypothèse. Elle repose sur notre seule connaissance du bonhomme. Les équipes qui s'activent dans l'appartement, et doivent se frayer un chemin en déplaçant des piles d'ouvrages à la couverture vert sombre, semblent avoir classé l'affaire : décès imputé à un refus de se nourrir. Pour vérifier notre hypothèse, il faudrait reprendre le même cheminement qu'Hugo. C'est-à-dire lire les ouvrages. Et qui parmi nous pourrait le faire ? Lui seul, qui nous fréquentait sans doute parce qu'à notre contact il trouvait une échappatoire à sa boulimie de littérature, s'y est risqué.

Nous, nous n'avons jamais su lire.

L'ŒUF

Après qu'il eut passé la nuit enfoui dans l'édredon, le crâne enseveli sous un tumulus de coussins, Bénézet risqua la tête au-dehors de son abri. Il retira ses boules Quies et aussitôt, la sirène qui hurlait depuis la veille au soir lui vrilla les tympans. Il semblait que l'intensité du son s'était encore accrue et Bénézet se crut bien frappé de folie. Il décrocha le combiné, composa le 18, mais la voix qui lui répondit mourut au bout du fil, dominée par la stridulation lancinante qui emplissait maintenant tout l'appartement.

Bénézet se dirigea vers la cuisine, d'où le son semblait provenir. Il tituba en ouvrant le frigo, et dans un réflexe inopiné, empoigna le plus petit des œufs. Le hurlement cessa, le bruit devint ronronnement. À l'aide d'une aiguille, il pratiqua une petite ouverture sur la coquille. Un sifflement aigu se fit entendre et l'instrument fut aspiré à l'intérieur, comme par succion. Bénézet lâcha l'objet qui rebondit sur le parquet sans se briser, avant de rouler et d'achever sa course contre le pied d'une chaise. Le silence emplit la pièce et Bénézet se trouva l'air bête, mains en appui sur les cuisses au-dessus d'un œuf. Agacé, il sauta à pieds joints sur la petite boule beige, qui fit entendre un craquement. Au milieu des coquilles éclatées, l'aiguille brillait, propre et sèche sur le linoléum immaculé. Bénézet secoua la tête, s'en retourna vers sa chambre et se plongea avec délices dans les draps pour achever sa nuit. Avant de fermer les yeux, il pensa que personne ne le croirait jamais si la fantaisie le prenait de raconter ce qui lui était arrivé.

Il rêva qu'un œuf gigantesque aspirait la mémoire de l'univers, laissant à sa place un cosmos en apesanteur, vide de toute histoire.

En ouvrant les yeux, il s'étonna que le cadran du réveil marque une heure aussi tardive. Il avait perdu au lit la moitié de son dimanche. Comme il réchauffait le café de la veille, il remarqua au pied de la table en Formica des éclats de coquille, curieusement propres, sur lesquels dormait une aiguille, qu'il ramassa et remit dans la boîte à couture. Puis il balaya les débris d'un coup de brosse, les jeta dans le sachet plastique suspendu au loquet de la porte, et sortit pour profiter un peu de son dimanche.

BOUDU, DOCKER À LA JOLIETTE

Il avait plu des cordes ce matin-là et aussitôt le bedeau, les marins, les funambules et les escaladeurs s'étaient précipités sur le port afin d'entreprendre la meilleure moisson possible. Depuis un orifice percé dans le mur porteur de sa chambre de bonne, Boudu, docker à la Joliette, avait assisté de loin au grand charivari. Parmi toutes ces pièces offertes du ciel qu'on ordonnait avec minutie selon le calibre ou la longueur, et qu'on enfournait ensuite, précipitamment, comme par crainte d'un mauvais coup des rôdeurs informés du cours du chanvre, il y en avait une, vers le milieu du port, qui semblait ne plus vouloir finir. Le bedeau l'avait tout d'abord agrippée seul, puis avait appelé malgré lui les autres à la rescousse, réunissant ainsi autour de lui ses concurrents les plus sérieux. Et chaque corps de métiers représenté moulinait désormais, à grands renforts d'huile de coude, se relayant lorsqu'il n'était plus possible, seul, de poursuivre la tâche. On avait bien dû recueillir vingt kilomètres de chanvre que la corde continuait toujours à s'étirer depuis les profondeurs du ciel. L'averse avait cessé, un soleil radieux inondait la ville, lui arrachant un vol fourni d'échardes vives de calcaire, ce qui donnait aux hommes et à leurs épouses, accourues pour les secourir, une peine énorme. Or il arriva qu'en début d'après-midi, après six heures d'efforts, suant, toussant, à tirer sur le fil, le bout de la corde apparut. À son terme, dans le ciel éthéré, flottait une femme de stature imposante, vêtue d'un déshabillé bon marché, les jambes croisées avec nonchalance sous une panse avantageuse. De sa main gauche elle tenait fermement l'extrémité du fil céleste, tandis que son bras droit, cliquetant de bracelets au goût douteux, agitait l'air pour se faire du vent.

Un instant, la vue fut obscurcie par un moineau fatigué mais repu qui s'apprêtait à finir sa digestion dans l'anfractuosité offerte par le mur de la chambre. Boudu lui souffla dans les plumes et l'oiseau quitta son perchoir.

Là-bas, la foule s'interrogeait. N'eût été son air vulgaire, le bedeau eût certainement pris l'apparue pour une sainte, les marins pour une fille du vent, les équilibristes pour une écuyère sur le retour égarée lors d'une tornade, et les escaladeurs pour le premier être humain capable de gravir les cieux sans rivets ni baudrier. La corde semblait résister davantage dans les derniers mètres ; tous l'empoignèrent et, dans un dernier « han ! », les ultimes coudées furent avalées. Débarquée sans ménagement sur les pavés du port, elle considéra ses fémurs endoloris, massa ses fesses bleuies en adressant un regard torve à la foule, fit la moue, et disparut dans les eaux sans plus de façons.

L'effet de surprise passé, on s'organisa autour de l'immense rouleau désormais constitué, et dont la hauteur dépassait bien deux fois celle de la mairie. On se lança dans d'interminables palabres pour répartir la marchandise. Le bedeau, qui se prétendait plus habilité que les autres à disposer des dons célestes, menait la danse. Il fallut toute l'éloquence d'un avocat de passage, appelé à la rescousse par les riverains embarrassés du chahut, pour partager équitablement le butin.

Au matin suivant Boudu, docker à la Joliette, qui depuis sa chambre n'avait eu d'yeux que pour elle, arpentait avec fébrilité les étals du marché au poisson à la recherche de la belle dame tombée du ciel.

LA RONDE

Les temps de glisse avaient pris naissance au lendemain d'un puissant orage que décembre amenait dans sa traîne. La glace recouvrait la rue jusqu'au moindre carré d'asphalte et l'on s'était accoutumé à déambuler avec précautions, manœuvrant nos jambes comme les pattes de gros insectes caparaçonnés. Une pellicule cristalline revêtait les murs, il semblait que la ville entière portait une pèlerine. Un souvenir de soleil flottait au-dessus de tout cela, que les falaises dérobaient prématurément au regard, si bien que la nuit avait trouvé en cet endroit un abri pour de longs séjours.

Sans qu'on eût perçu son souffle, le vent s'était engouffré dans la gorge et avait investi tout le volume du défilé. Des masses d'air s'étaient précipitées vers le bourg, agitant sur les toits les antennes de télévision, ébranchant les arbres dont les rameaux éclaboussaient en salves fournies.

Nos tentatives pour conserver une posture droite avaient échoué. Nous fûmes balayés sur la glace vive. Nous y dansions une gigue, au rythme des sautes de vent qui tantôt nous dispersaient, tantôt nous rassemblaient sur la place de la cathédrale. Il fallut bien prendre des repères, oublier rendez-vous et divers impératifs pour se soumettre à cet ordre nouveau des choses. Certains notables, dont le costume bâillait aux quatre vents, s'agrippaient à leurs serviettes, s'en servaient pour parer les chocs lorsque le souffle les malmenait contre l'angle d'un immeuble. Parfois l'un d'entre nous, qui n'avait pas su appréhender le danger, se fracassait contre un réverbère ; le courant le ramenait tout disloqué au milieu de la ronde et il fallait veiller à ce qu'il ne s'enroule pas autour de nous.

Régulièrement, je croisais mon père. C'était toujours aux abords d'une bijouterie. Le lascar avait très bien assimilé le parti à tirer de la situation. Il acquit rapidement une maîtrise satisfaisante de ses déplacements et put occuper son temps à remplir ses poches de bibelots et de verroteries, souvent très ordinaires, car il n'avait jamais eu l'âme d'un connaisseur.

Le temps passait. La faim se faisait sentir. Ni les occupations de mon père ni le spectacle du ciel chamarré d'objets volants ne pouvaient plus nous la faire oublier. Parfois nous apercevions ma sœur au hasard d'une bourrasque et assistions Gros-Jean comme devant à son repas. Ma sœur trimbalait de nuit comme de jour et partout sur son dos un sac rempli de victuailles qu'elle boulottait toute la sainte journée. Mais la teigne était aussi prévoyante qu'avare et ne songeait guère à partager. Ce manque d'égards lui valait les œillades courroucées de mon père aussi souvent qu'il nous doublait, emporté par le poids de ses poches.

Le froid traçait des crevasses sur nos visages, des veines éclataient sur nos joues, nos lèvres s'évasaient comme des choux-fleurs.

Au matin du troisième jour, une bourrasque avait réuni mon père et ma sœur. Il était parvenu à l'assommer contre un platane pour s'emparer de ses dernières provisions avant qu'une rafale ne les sépare à nouveau. Je le voyais reprendre un peu de couleurs à chaque tour. Le bougre me lança une cuisse de poulet gelée que je pus faire fondre sous ma langue et suçoter durant plus d'une heure.

Les autres mouraient. La rue s'encombrait de cadavres. Ils se déplaçaient plus lentement que nous et leurs trajectoires étaient moins précises. Parfois nous croisions ma sœur, qui ne devait pas être tout à fait morte parce que ses joues persistaient à conserver leur coloration rosée. Ses déplacements aussi étaient maladroits, mais elle gardait dans son sommeil une tonicité qui maintenait son corps à une allure élevée. Par miracle, aucun obstacle ne se mit en travers de sa route et elle put continuer saine et sauve, quoique groggy, sa course jusqu'au bout de la tempête.

Une ondée nous réchauffa sans crier gare. Du jour au lendemain, branches et cadavres furent entraînés au loin du fleuve qui s'était creusé en lieu et place du boulevard central, nettoyant les quartiers périphériques. Les derniers souffles du vent emportèrent les nuages et le soleil réapparut entre les falaises un court instant. Le pavé scintillait. Nous nous sentions des appétits d'ogres. Mon père se leva le premier, essora ses vêtements, s'approcha de ma sœur encore endormie en faisant cliqueter ses poches, et lui administra une raclée qui la mit debout en un instant. Puis, tandis qu'elle sanglotait d'un air penaud, il vint m'appuyer sur l'épaule une bourrade énergique. Et nous regagnâmes tous trois notre logis.

LA VIE SCANDALEUSE DE GEORGES LEE PEANUT

Pour éviter les encombres, Georges Lee Peanut, qui n'est pas un tendre, a endossé sa panoplie d'homme de la rue : moustache brune, perruque laquée, verres de contact bleutés. Il faudrait être Dieu le père pour le reconnaître. Le voilà au cinéma, auprès de Samantha, sa nouvelle maîtresse. Il a rencontré cette fille un soir de campagne. La journaliste intrépide était venue l'attendre à l'hôtel, dans sa propre baignoire, afin de lui proposer une interview très exclusive. Après quelques remontrances d'usage Peanut avait rendu les armes, et un hommage zélé à son anatomie.

Elle n'est pourtant pas ravissante, Samantha. Georges n'apprécie guère, par exemple, ses yeux légèrement exorbités. Mais de cette créature émane une fascination qui, s'il en avait le temps, lui ferait presque peur.

Peanut en a fait son attachée de presse personnelle. La proximité de Samantha le réconforte et l'émoustille, mais leur liaison doit rester secrète. Plusieurs fois il a voulu tout lâcher, le bon Peanut, jeter au panier fonctions et panoplie pour goûter une existence insouciante. Il a caressé ce vieux rêve qui hante l'homme public, accroché à son imaginaire comme une sangsue.

Ce soir, ça ne va pas très fort entre elle et lui. Oh, rien de grave ! Une dispute. De celles qui, dit-on, pimentent la sauce d'une relation tournant à la routine. Samantha voulait traîner son politicard d'amant dans un cinéma d'art et d'essais, un bouge mal famé puant l'intellectuel et les idées contestataires. En entrant Peanut a déclaré qu'il en profiterait pour dormir. En guise de réponse la jeune femme a considéré son compagnon d'un air amusé, puis elle est partie d'un ricanement frénétique et suraigu.

Dans ces moments-là il aimerait, le bon Peanut, étrangler la bougresse sur place, la contraindre par la force à implorer son pardon à genoux. En amant aguerri, Georges ravale sa rancœur ; il attend patiemment le moment de lui faire demander grâce sur l'oreiller.

Durant la publicité notre spectateur supplicié affecta de dormir à poings fermés. Mais la comédie ne prenait pas. Il s'ennuyait terriblement. Peanut entreprit d'observer la salle, évitant l'écran comme la peste. Il fit l'inventaire de ces choses qu'on ne voit pas lorsque les yeux sont prisonniers des images, qui somnolent dans une lumière bleutée, ignorées des spectateurs et pourtant présentes. En véritable autruche de strapontin il examina le siège dressé devant lui telle une muraille, barrant tout accès à l'écran sur une hauteur vertigineuse. Son attention se focalisa sur le haut d'un crâne coiffant le dossier. Une forme de crâne assez banale, oblong et bosselé, mis à nue par une calvitie avancée. L'apparition était peu commune et, décidément non, il n'était pas habitué, Georges Lee Peanut, à deviner la nuque d'un homme au-dessus de lui. Il s'étonna de ne pas la voir lui sourire, cette nuque clairsemée qui le toisait de toute sa rondeur avec peut-être un air cynique au coin de l'occiput.

Peanut baissa les yeux. Provenant d'une rangée latérale une bille verdâtre vint buter sur sa chaussure. Un petit pois tout rond, légèrement tacheté de mayonnaise. Sur sa gauche, il découvrit à quelques places de lui une septuagénaire obèse. Les yeux rivés sur l'écran, elle absorbait goulûment de la macédoine en Tupperware. Un creux immense au fond de l'estomac, un gargouillis sonore et prolongé, Georges salive sur sa cravate. « Tu te relâches, mon agneau ! » La voix de Samantha fait illusion dans son esprit. Surtout ne pas lui fournir l'occasion de le railler. Et qu'elle n'emploie pas son horrible expression. « Mon agneau ! » Peanut se leva d'un bloc, se dirigea vers la vieille dame.

« Puis-je goûter de votre macédoine ? »

Nulle réponse. Peanut s'apprêtait à repartir bredouille lorsque, enfin, de la masse inerte émergea une main désinvolte et potelée, armée du Tupperware. Suffisamment impressionné pour ne pas demander de cuillère, il prit le récipient sans broncher. Il distinguait, dans la masse enrobée de pénombre, deux yeux ronds plantés dans les siens. Deux yeux qui avaient abandonné leur contemplation de l'écran, absorbés désormais par l'observation de son propre visage. Lentement, une brèche s'ouvrit sous le nez, découvrant une cavité noirâtre derrière deux rames de gencives désaffectées. Il en sortit un rire perçant, à la limite de l'hystérie. Peanut rebroussa chemin, renversant la macédoine sur le dossier d'un strapontin.

Du plus profond de son fauteuil il leva vers Samantha un regard craintif. La jeune femme dévorait l'écran de ses yeux immobiles, dont la difformité ne cessait de s'accentuer. Un delta minuscule aux commissures de ses lèvres trahissait qu'elle n'avait rien perdu de la scène. Peanut s'enfonça les index au fond des oreilles et considéra d'un air mauvais la vieille qui le fixait toujours, hilare.

La salle s'anima. De toutes parts des individus approchèrent. À l'image de la vieille dame, ils émettaient un rire hystérique, discontinu. Le vacarme couvrit la bande-son du film, passa outre les doigts tendus de Peanut. Une écurie en délire cacophonait de toutes ses gorges, produisait des vibrations stridentes et désordonnées. Peanut se leva. Il voulait hurler un ordre autoritaire mais sa voix s'éteignit, il resta muet, frappé par l'image qui emplissait l'écran : Georges Lee Peanut en caleçon de soie vert pomme agitait dans sa main droite un bouquet à l'intention de Samantha, entouré de ce ruban où lui-même avait fait tracer en lettres argentées :

« Pour ma maîtresse adorée. »

Elle aussi riait, riait, le dévisageant de ses yeux immenses, exorbités comme jamais. Le malheureux fut saisi de spasmes violents, il tituba entre les strapontins, tomba par terre, toussant, crachant. Lorsqu'il releva la tête, les yeux de Samantha avaient jailli des orbites, faisant place à deux caméras dirigées sur lui pour ne rien manquer de son malaise. La créature demeura encore quelques instants près de lui, euphorique de victoire, puis elle se volatilisa dans un épais nuage de fumée à l'odeur de soufre.

LA PLAINE

De Strasbourg, une seule chose me demeure en souvenir : le clocher de la cathédrale.

Aux jours de calme plat, il constituait le seul point de repère vertical sur cette étendue liquide, immense, que nous sillonnions comme des araignées d'eau un peu saoules. Levés tôt, il nous fallait remuer nos membres, détendre nos muscles, et secouer nos os raidis par le gel de la nuit. Grands moulinets de bras, courses fébriles pour ajuster en vitesse notre piètre équipement dans les canots sans même prendre le temps d'avaler quelque chose de chaud. Au bout de quelques minutes la crête des Vosges surnageait derrière nous pareille à un chapelet d'îles malades tandis que les îlots effeuillés de Forêt-Noire bornaient notre horizon. Le soleil, quand il nous rendait visite, devait peser jusqu'à midi pour réchauffer les couleurs de la grande plaine d'eau.

Nous avions coutume de nous amarrer au clocher. Les habitudes s'installent sans qu'on les appelle, et avant même que d'avoir décelé leur présence, les voici déjà enracinées. Aux jours clairs, nos canots s'immobilisaient tout près de la flèche. Nos yeux s'élevaient le long de l'édifice dentelé qui, quelques mètres à peine au-dessus de nos têtes, culminait sans rival dans un univers en deux dimensions. Autour de nous, l'eau rendait un gris épais. Les lignes du clocher fuyaient sous la surface ; en s'enfonçant, nos regards ne distinguaient qu'une épaisseur sombre. Seuls ceux qui avaient connu la ville à l'air libre pouvaient se représenter encore la masse gigantesque du bâtiment endormi.

Souvent, à l'aplomb de l'édifice, des bulles crevaient ; nous devions rester sur nos gardes. Depuis six ans que la ville gisait sous l'eau, la surface rendait l'écho de cauchemars profonds. Nul déchet organique ne remontait après ce temps – l'époque était révolue où nous récoltions des troncs gorgés d'eau, à demi pourris, desquels on ne tirait guère plus de chaleur que d'un feu de brindilles – mais des objets volumineux s'évadaient parfois, constituant une menace pour nos barques. La grande plaine d'eau n'était pas un organisme stable. En bas, des murs craquaient encore sous la pression, des édifices s'effondraient, et la surface devenait coléreuse. Des tourbillons creusaient la nappe étale, des barques sombraient brusquement, aspirées vers la mégapole vorace.

Mon père – ainsi appelais-je l'homme qui, depuis que ma mémoire était mémoire, m'avait toujours secouru – dirigeait un trio d'embarcations incertaines, conduites par des individus peu familiers de notre entourage. La vie s'accroche à peu de chose et il était fréquent de voir fleurir entre nous des associations hétéroclites. Ces êtres surgis d'un ailleurs indéfinissable demeureraient auprès de nous un certain temps, puis ils repartiraient comme ils étaient venus. Nos familles – ainsi convient-il de nommer le noyau dur de nos groupuscules – plongeaient chaque jour dans la nuit de la Plaine avec l'espoir de ressusciter un bout de ce passé que je n'avais pas vécu. Parés d'équipements de fortune ou nus comme des vers, des hommes, des femmes, des adolescents disparaissaient dans l'épaisseur liquide, y demeuraient quelques minutes, puis remontaient, la plupart du temps les mains vides, ou, parfois, brandissant un trophée que les occupants des canots accueillaient avec de grands cris joyeux. Éclats de verre. Courroies de caoutchouc en partie délitées. Tuiles. Poignées de porte. Robinets. L'inventaire ne variait guère, aussi les clameurs de mes compagnons étaient-elles plus fournies lorsqu'un nageur exhumait une assiette, une boîte aux lettres, un coupe-ongles... J'appartenais à une famille dont la culture m'échappait. Et je m'étonnais sans cesse de ne voir qu'objets inutilisables dans ces reliques pour lesquelles tous mettaient leur vie en danger.

Le soir, nous regagnions notre île, enrhumés, groggy, et nous déposions le butin au centre du campement. Aucune prise n'était rejetée. Les plus communes allaient grossir un tas déjà volumineux, véritable tumulus menaçant de dominer bientôt la plus haute de nos habitations. Les pièces rares demeuraient en évidence sur un tronc coupé ou sur le dos d'un gros galet. Un jour sans doute la place manquerait, il faudrait se résoudre à trouver une solution.

Depuis quelque temps nous opérions non loin du clocher. Nos barques immobilisées à l'aplomb de ce qui avait constitué un centre-ville. Les hommes qui s'étaient joints à nous possédaient une bonne mémoire du périmètre. Anciens habitants, employés ou quelconques arpenteurs du quartier, ils nous étaient d'une aide précieuse. Les débris ramenés du fond leur fournissaient des indices, leur permettaient d'ajuster la représentation fragmentaire de la zone au souvenir gravé en eux. La tâche était longue. Certaines découvertes confirmaient leurs hypothèses. Ou les démentaient. Et il fallait de nouveau tâtonner, reconsidérer l'angle d'un bâtiment, la perspective d'une avenue. Entre deux plongées ils reprenaient leur souffle, accrochés au canot, les yeux baissés vers l'eau qui clapotait sous leurs aisselles. Ils plongeaient. Nageaient. Palpaient la surface d'édifices invisibles à la recherche d'aspérités, de parties friables, révélatrices. Refaisaient surface. S'agripaient au bord du canot. Se taisaient. Il est clair que ces hommes, penchés au-dessus d'une nuit qui abritait des lambeaux de leur histoire, désiraient reprendre possession de leur passé. Aucune échelle de valeur – aucune échelle rationnelle – n'aurait pu donner le prix qu'ils accordaient à ces choses.

Nos corps refroidissaient chaque jour davantage, nos épidermes bleuissaient, se couvraient d'engelures. Sans doute aurions-nous dû diriger ailleurs nos énergies afin de résoudre des problèmes plus immédiats. Au lieu de cela nous aidions ces malheureux à retrouver des repères, des bribes d'existence, des preuves. Ces possessions, infimes, qu'ils avaient négligées en fuyant, ne leur avaient jamais inspiré autant de respect. Mon père ne jugeait pas ces hommes. Il possédait lui aussi un territoire, quelque part, où ses souvenirs l'attendaient.

D'autres embarcations croisaient au milieu du lac. Il est impossible de dire combien de familles avaient trouvé refuge sur les crêtes. Certaines arrivaient de Forêt-Noire – ce qui représentait alors plusieurs journées de rame – pour quémander une bûche, quelques fagots, des vêtements. Je crois que, là-bas, ils étaient plus nombreux que nous. Leurs îles avaient été grattées jusqu'au roc. Les racines elles-mêmes, à la combustion éphémère, ne devaient plus y constituer qu'un vague souvenir de chaleur. Comment ces autres insulaires occupaient-ils leurs journées ? Le fond de leur Nuit motivait-il autant de recherches ? Il m'arrive aujourd'hui d'en rencontrer ; nos conversations ne s'égarent jamais sur cette période douloureuse.

Des canots avançaient dans la brume. Ombres matérialisées, à peine, par le choc des pagaies. Provenaient-elles de nos crêtes ? De celles de Forêt-Noire ? D'ailleurs encore ? Victimes de l'ivresse des profondeurs, nous ignorions tout du monde émergé. Ces embarcations glissaient lourdement, en arrachant à l'étale une voix continue, grave et profonde. Elles étaient plus grandes que les nôtres, et chargées. La brume, qui en avait délivré deux, en laissait maintenant apparaître trois autres, en retrait. Puis deux nouvelles. Encore trois. Cinq... Une flotille se constituait, entourait notre groupe. Je n'avais jamais connu un tel rassemblement.

Insensiblement, nous nous étions rapprochés du clocher, peut-être pour trouver refuge dans son ombre. L'arrivée des embarcations produisait de longues vagues, qui faisaient osciller nos canots ; ils bougeaient encore longtemps après que la flotille se fut immobilisée autour de nous. Quelques visages penchés au-dessus des rebords nous regardaient tanguer. Les autres braquaient leur regard sur l'édifice. Des mouvements s'annonçaient. Quelque chose s'organisait là, dont nous pouvions deviner la nature effrayante.

Ces étrangers étaient plus aptes que nous à appréhender la situation. Sans doute avaient-ils déjà accompli leur deuil. Tandis qu'ils cherchaient à reconstruire, nous leur prêtions des intentions sacrilèges.

Une personne que nous n'avions pas encore aperçue, perchée pourtant sur le pont du plus proche bateau, nous interpella. Il fallait s'éloigner, disait-elle. Le groupe allait travailler sur la zone, l'opération n'était pas sans danger. Tandis qu'elle articulait ces paroles, protocolaires mais définitives, certains équipages s'étaient approchés de la flèche jusqu'à poser leurs bords contre la paroi.

Des échelles, des perches, des câbles formaient à présent une camisole de lierre autour du clocher. Ceux qui avaient tendu cette toile la parcouraient, fébriles, armés de marteaux, de burins et d'autres instruments contondants. Hésitants, puis de plus en plus véloces, des coups se mirent à pleuvoir sur l'épiderme du grand corps érigé dans la Plaine. Des blocs entiers ne tardèrent pas à être détachés, que l'on descendait vers les embarcations à l'aide de filins. Quelquefois un bloc trop lourd, dont le ravisseur avait sous-estimé le poids, crevait la surface avec fracas.

Au début de l'opération nos compagnons s'étaient insurgés. Le sens perdu de la notion de propriété nous revenant en mémoire, nous avions tenté une approche. Mais l'individu qui nous avait apostrophés fit un geste. Aussitôt le rang des grandes barques s'était resserré, interdisant tout accès. Le visage de l'homme n'exprimait aucune haine ; ses yeux mouillés nous considéraient presque affectueusement.

Sous l'action des fourmis besognant son torse, le sommet du clocher perdait du volume. Les burins le pénétraient par mille points, les pierres roses passaient de mains en mains, s'entassaient dans le fond des barques. On distinguait des coupes sombres dans son profil ciselé. Des chocs cristallins, innombrables, retentissaient, comme assourdis par l'épaisseur de la brume. Infimes, des tremblements faisaient frissonner notre sanctuaire de bas en haut. Les compagnons voulaient passer en force. Mon père, une nouvelle fois, leur accorda son aide. À son signal, nous lançâmes nos canots vers l'avant. Une avalanche d'eau grisâtre nous accueillit. Du haut de leurs barques, les autres nous aspergeaient à l'aide de leurs rames. Sans fureur, comme s'il s'était agi d'un jeu enfantin. Leurs moulinets créaient devant nous des courants hystériques ; la moindre approche était impossible. Et les remous menaçaient de verser par-dessus bord les quelques reliques amassées durant la matinée.

L'eau bouillonnait encore bien après que les autres, là-bas, avaient reposé leurs gaffes. Des gerbes d'écume passaient le bord de nos embarcations. Il semblait même que la zone agitée s'était étendue au-delà de notre position. En haut, les hommes semblaient perplexes. Certains gesticulaient de manière incompréhensible. Des courants contradictoires faisaient danser nos canots ; mon père et quelques-uns de nos compagnons avaient empoigné les rames. Ils tentaient de nous sortir de la zone de turbulence. Les grands esquifs aussi tanguaient. Ils avaient entrepris de quitter à leur tour le périmètre agité, ramant en direction du nord. D'un seul mouvement, les tailleurs de pierre réintégrèrent leurs embarcations et celles-ci s'élancèrent à la suite des autres. La brume les engloutit rapidement. Le clocher mutilé, entravé par des cables et des filins, paraissait dérisoire au milieu de cette plaine mouvante. Sa structure affaissée oscillait au-dessus des remous, comme une dent mal chaussée.

Nous regagnâmes les crêtes sains et saufs. Le crépuscule était proche, mais la brume s'était dissipée sur la Plaine. En plusieurs points la surface grisâtre trahissait des bouleversements profonds. Des gerbes d'eau grise s'élançaient vers le ciel, des tourbillons creusaient des rides aiguës sur le front de la Plaine. L'obscurité dévora ce visage tourmenté, dont les gémissements résonnèrent jusque tard dans la nuit.

Au matin, l'étendue grise dormait comme un géant de plomb fondu. Définitivement plane, des Vosges à la Forêt-Noire.

L'heure n'est plus aux souvenirs.

Nous avons reconstruit une humanité. La dernière ? Ou le maillon anonyme d'une longue chaîne ? Un jour les reliques sont devenues encombrantes. Nous les avons rendues à la Plaine, et le monde nous a paru plus clair.

Le passé appartient à ceux qui n'ont plus rien à vivre.

LE VILLAGE

Dans certains jardins, les fleurs cultivées sont fanées. Quelques-unes d'entre elles, aux allures de dahlias violacés, jonchent le sol auprès d'arbustes rachitiques. Au milieu des habitations des végétaux plus robustes taillent des chemins perdus, colmatant les entrées, éventrant les murs et rendant les constructions méconnaissables. Des formes gisent çà et là, figées comme depuis le premier jour, ne portant nulle odeur ni signe distinctif d'une espèce animale, végétale ou minérale. Sitôt que l'imagination agrippe l'un de ces vaisseaux englaisés, le vague des contours vient détruire toute impression, le doute balayer toute hypothèse.

Un endroit bien secret, qui se refuse à l'identification. Un village, en somme, où tout n'est que poussière. Personne pour déterminer la cause, ni la date de cette extinction collective. Comme si ces objets, ces êtres n'avaient disparu pour personne. La seule preuve tangible de l'existence du lieu, et par là même de sa mort, est contenue dans ces lignes. Ni moi ni un autre ne reconnaîtra un jour les avoir rédigées. Au bout du compte ne restera qu'une impression fugace, mêlée d'incrédulité face aux mots tracés dans la chair des feuilles. Libre à quiconque de les oublier aussi, instantanément.

Pourtant il existe une étrange équation : certaines choses, dont la vie semble difficile à concevoir, demeurent au souvenir la plus éternelle des réalités. Et il faut être bien fou pour vouloir ignorer le pouvoir des histoires.

Lettre à Guy Rouquet

Je suis né à Oran, en 1971. Une enfance entre Algérie et Provence, une famille « mélangée » (origines, milieux socio-culturels), et de nombreux séjours à l'étranger hors des circuits purement touristiques m'ont donné du monde l'idée d'un foisonnement extrême. La conscience que toute façon d'être et de penser est relative.

L'adolescence, partagée entre les études et la pratique intensive de la natation, m'a imposé une double vie. Celle d'un écolier au parcours régulier, sans éclat. Et celle, décriée par la plupart des professeurs, du sport de haut niveau. Cette seconde expérience, si elle n'a pas fait de moi un grand champion, m'a permis de mieux connaître mon corps et de savoir mieux en jouir. Elle m'a permis aussi de côtoyer, en France ou à l'étranger, des individus partageant la même passion que moi mais originaires des quatre coins du globe. L'écriture – une autre passion – m'a toujours accompagné. Jusqu'à l'âge de vingt ans, elle s'est développée dans l'ombre de mon premier violon d'Ingres : la bande dessinée. Elle a pris le pas désormais, quoique je n'aie pas définitivement abandonné le dessin.

Aujourd'hui j'enseigne l'allemand à mi-temps à des adolescents qui m'apportent beaucoup. Je m'efforce de ne pas reproduire les erreurs que j'ai reprochées à mes professeurs (ce faisant, j'en commets d'autres à mon tour...). Parallèlement je me consacre encore un peu à la natation, beaucoup à l'écriture, et je dirige avec Emmanuelle (ma femme) et Gilles Bailly (mon cousin) une revue littéraire et artistique : *Salmigondis*. Nous y publions des nouvelles, des poèmes, des BD, des dessins, des photos, des traductions et des articles sur l'actualité littéraire et artistique. Je n'y publie pas mes textes pour éviter d'être juge et partie. Pourtant, la démarche de la revue, et c'est logique, est similaire à celle de mon travail personnel. De même que *Salmigondis* combat une idée trop étroite, trop incomplète de ce que peut être la créativité contemporaine, je ne prétends pas apporter dans mes textes l'unique, la plus juste perception du monde qui soit. Mon seul désir est de poser des questions, de proposer une vision décalée, inattendue de ce qui m'entoure et de ce que je vis. Parce que le recul m'a toujours semblé salutaire. Sans doute grâce au sport, qui est avant tout un jeu.

Le thème de l'enfance revient souvent dans mes textes. C'est que j'aime dans cet âge la faculté de remettre en question des convictions, des évidences. Adultes, beaucoup perdent cette curiosité, et se raccrochent à une idée qu'ils ont du monde comme s'ils n'avaient plus le temps d'en changer. L'absurde, le cocasse et un fantastique léger me sont utiles pour accoler une parure bizarre à des choses que j'avais oublié d'observer. Mon seul message : rien n'est normal, rien n'est évident ; il n'y a pas UNE réalité. Il n'y a que des questions. Et ces questions sont passionnantes. S'il m'arrivait de l'oublier un matin, mes deux filles (Mélina, quatre ans, et Blandine, deux ans) me le rappelleraient aussitôt.

En tant que responsable d'une revue prônant l'éclectisme je suis capable de prendre du plaisir à des lectures très diverses, mais je crois que mon écriture personnelle s'inspire beaucoup d'auteurs ayant un lien avec l'étrange, le cocasse et aussi quelque chose de poétique, comme Calvino, Buzzati, Bradbury, Châteaureynaud, Jean-Luc Moreau, Éric Faye. Il y a aussi, en toile de fond, Rabelais, Grimmelshausen, et quelques romantiques allemands (Hoffmann, Kleist), ainsi que Theodor Storm, un nouvelliste du XIXe très connu en Allemagne mais que l'on a peu lu en France. Je suis en train de traduire ses nouvelles et j'espère les faire éditer un jour.

Ces dernières années j'ai eu la chance de publier plusieurs textes dans des revues et dans des anthologies, mais je n'ai pas encore pu convertir cela en livre. Si l'on excepte trois ou quatre plaquettes maigrelettes tirées à quelques dizaines d'exemplaires que par l'intermédiaire d'une souscription j'ai pu refourguer à ma sœur, à ma mère, aux copines de ma mère, à mon cousin, à ma grand-mère et à quelques copains magnanimes, je n'ai pas encore eu la chance de publier un livre, un vrai. C'est-à-dire un ouvrage qui circulerait, qui serait diffusé, que l'on pourrait trouver en librairie, en bibliothèque, bref, un livre qui aurait peut-être la chance d'être lu par quelqu'un d'autre que ma sœur, ma mère, ses copines, ma grand-mère, mon cousin…

Le Prix Prométhée est l'une des seules chances de débuter sur la scène littéraire « professionnelle », parce qu'il donne aux nouvellistes l'opportunité de publier un recueil chez un grand éditeur même lorsque ceux-ci ne se sont pas fait connaître en écrivant des romans. C'est pour cette raison que, enfin en mesure de présenter un recueil assez fourni, j'y ai participé cette année. Les nouvelles qui composent *Douze mètres cubes de littérature* mettent en scène des personnages différents, dans des univers assez variés, mais je les ai écrites dans un même état d'esprit. Je crois que le thème du temps y est omniprésent, et celui de la fin obsédant. Depuis *Plavnik*, qui relate la fin de l'enfance, jusqu'à *Une histoire*, qui envisage la fin de l'humanité de manière plutôt sereine, la fin y est vue comme quelque chose d'ambivalent, souvent proche d'une renaissance, et que l'on ne peut pas réduire à un événement triste. Peut-être justement par ce pouvoir qu'ont les histoires (*cf. Le village*) et qui permet de relativiser toute chose.

L'Atelier Imaginaire

Mettons un rêve dans notre vie
et soufflons dans les voiles.

Guy Rouquet.

CHAMP D'ACTION
La francophonie.
« La *Francophonie* est notre patrie commune. »

FINALITÉ
Stimuler la création littéraire et artistique.
« Défendre et illustrer la langue française. »

MODALITÉS
Deux prix internationaux annuels décernés sur manuscrit :

– concours Prométhée destiné à promouvoir un nouvelliste inédit (édition du lauréat) ;

– concours Max-Pol Fouchet destiné à promouvoir un poète inconnu ou méconnu (édition du lauréat).

Une quinzaine culturelle – Décade littéraire et artistique suivie de cinq *Journées magiques* – organisée autour de la remise des prix Prométhée et Max-Pol Fouchet : en principe au mois d'octobre, dans la grande région lourdaise, en liaison étroite avec le milieu scolaire et universitaire (mais aussi, à l'occasion, avec les centres culturels, les foyers ruraux, les bibliothèques, les librairies, les comités d'entreprise).

ACTEURS

40 jurés internationaux (écrivains et critiques de renom).

100 jurés départementaux et régionaux appartenant au grand Sud-Ouest chargés de mettre au point les sélections soumises aux deux jurys internationaux.

2 éditeurs : Le Castor Astral (prix de poésie Max-Pol Fouchet) ; Éditions du Rocher (prix Prométhée de la nouvelle).

Plusieurs artistes « associés » pour les animations et interventions durant la Décade et les *Journées magiques* : peintres, photographes, chanteurs, comédiens, conteurs, écrivains, musiciens...

EXPÉRIENCE

19 quinzaines culturelles (mars 1985, octobre 1986-2003).

3 semaines littéraires et artistiques (mars 1982, 1983, 1984).

26 concours Prométhée (21 auteurs publiés).

22 concours Max-Pol Fouchet (23 auteurs publiés).

7 recueils collectifs de nouvelles francophones *(L'Atelier Imaginaire)*.

4 recueils collectifs de poèmes et de réflexions sur la poésie *(L'Atelier Imaginaire)*.

1 livre-hommage : *Max-Pol Fouchet ou le passeur de rêves*.

Opération « 2 000 jeunes » à l'intention des lauréats nationaux et régionaux du Concours général des lycées et en concertation avec le ministère de l'Éducation nationale, le ministère de la Culture et de la Communication, l'Association des lauréats du Concours général, la ville de Lourdes, la ville de Tarbes, le Conseil général des Hautes-Pyrénées et le Conseil régional de Midi-Pyrénées (1988-2003).

Examen annuel de 200 à 300 manuscrits en moyenne.

Jurés internationaux de l'Atelier Imaginaire

Prix Prométhée
(nouvelles)

Alain Absire
Olympia Alberti
Christiane Baroche
Marie-Claire Blais (Québec)
Jean Claude Bologne (Belgique)
Rachid Boudjedra (Algérie)
Jacques Chancel
Georges-Olivier Châteaureynaud
Régine Detambel
Abdelkader Djemaï (Algérie)
Christine Ferniot
Pierrette Fleutiaux
Louis Gardel
Nedim Gürsel (Turquie)
Michel Host
Albert Memmi (Tunisie)
Jean-Luc Moreau
Gisèle Pineau (Guadeloupe)
Ghislain Ripault
Joël Schmidt

Prix Max-Pol Fouchet
(poésie)

Michel Baglin
Marie-Claire Bancquart
Claude Beausoleil (Québec)
Jean Bertho
Éric Brogniet (Belgique)
Georges-Emmanuel Clancier
Vahé Godel (Suisse)
Guy Goffette (Belgique)
Vénus Khoury-Ghata (Liban)
Anise Koltz (Luxembourg)
Werner Lambersy (Belgique)
Jean-Pierre Lemaire
Charles Le Quintrec
Jean Métellus (Haïti)
Claude Mourthé
Jean Orizet
Pierre Oster
Amina Saïd (Tunisie)
André Schmitz (Belgique)
Jean-Pierre Siméon

Deux concours originaux

Les prix Prométhée et Max-Pol Fouchet *inversent le circuit traditionnel de l'édition*. Ce n'est pas un « professionnel » – plus ou moins soumis à des impératifs commerciaux – qui tente d'imposer ses choix à l'opinion publique, mais des lecteurs qui se rassemblent pour dire, haut et clair, qui doit être publié.

La remise des prix se tient à Lourdes, au mois d'octobre. Elle donne lieu à une quinzaine culturelle de plusieurs dizaines d'animations littéraires et artistiques dans la grande région pyrénéenne. Cette *fête de la rencontre* parachève *la fête de la création* (candidats et lauréats), *de l'édition* (publication des textes primés) et *de la lecture* (trois jurys, cent lecteurs-jurés de tous âges, de tous milieux et de toutes cultures).

Les prix Prométhée et Max-Pol Fouchet proposent une *perspective nouvelle* : la mise en relation directe de partenaires généralement isolés dans leur « unité de production » (le créateur inconnu, l'éditeur, le lecteur, l'écrivain confirmé).

Pour tout renseignement concernant l'Atelier Imaginaire ou toute demande de règlement relative au concours Prométhée de la nouvelle ou au concours de poésie Max-Pol Fouchet, on peut s'adresser directement à :

L'Atelier Imaginaire
BP 2
65290 Juillan (France)
Courriel : atelier.imaginaire@wanadoo.fr
Site : http://www.atelier-imaginaire.com

Collection de l'Atelier Imaginaire

AUX ÉDITIONS L'ÂGE D'HOMME

Prix Prométhée (romans et nouvelles)

Jacques Mondin, *Retour à Yuste*, nouvelles, préface de Jacques Chancel, 1982.

Dominique Lemaire, *Un certain Walk-Man*, roman, 1983.

Catherine Derbin, *Le Domaine d'Alasdair*, roman, préface de Jean-Pierre Otte, 1984 .

Danusza Bytniewski, *La Septième Colline*, récit, préface de Marcel Jullian, 1985.

Erik Louis, *L'Effacement*, nouvelles, préface de Christiane Baroche, 1987.

Pierre Gabriel, *Le Serpent bleu*, nouvelles, préface de Georges-Olivier Châteaureynaud, 1988.

Michel Cals, *Les Marquises*, préface de Marie-Claire Blais, 1989.

Jean Cagnard, *L'Hémisphère d'en face*, préface d'Alain Absire, 1990.

Pierre Claudé, *Fin de parcours*, préface de Christian Giudicelli, 1991.

Prix Max-Pol Fouchet (poésie)

Geneviève d'Hoop, *Creuser la soif*, préface de Robert Mallet, 1982.

Anne Rothschild, *Sept branches, sept jours*, préface de Marie-Claire Bancquart et Georges-Emmanuel Clancier, 1983.

Jean-Jacques Beylac, *Le Cœur biseauté*, préface d'Yves Berger, 1984.
Christian Keller, *Le Don de l'été*, préface de Charles Le Quintrec, 1985.
Éric Brogniet, *Le feu gouverne*, préface de Jean Orizet, 1986.
Audrey Bernard, *La Nuit des Hespérides*, préface d'Édouard Glissant, 1987.
Michel Baglin, *Les Mains nues*, préface de Jérôme Garcin, 1988.
Alain Lemoigne, *Justice du fruit*, préface de Charles Le Quintrec, 1989.
Joëlle Abed, *Lieux du tremble*, préface de Vénus Khoury-Ghata, 1990.
Françoise Lison-Leroy, *Pays géomètre*, préface de Jean Orizet, 1991.

AUX ÉDITIONS LA DIFFÉRENCE
Prix Prométhée (nouvelles)
Agnès Lainé, *Le Jardin des narcisses*, préface de Georges-Olivier Châteaureynaud, 1992.
Yvette Reynaud-Kherlakian, *Corps glorieux*, préface d'Étienne Barilier, 1993.
Dominique Mainard, *Le Second Enfant*, préface d'Hubert Haddad, 1994.

Prix Max-Pol Fouchet (poésie)
Dominique Sampiero, *La Vie pauvre*, préface de Patrice Delbourg, 1992.
Jean-Loup Fontaine, *L'Âge de la parole*, préface de Vénus Khoury-Ghata, 1993.
Claude Brugeilles, *Papier païs*, préface de Charles Le Quintrec, 1994.

AUX ÉDITIONS LITTÉRA

Prix Prométhée (nouvelles)

Xavier-Laurent Petit, *L'Année de la baleine*, préface de Jacques Bens, 1995.

Jean-Philippe Katz, *Violons et fantômes*, préface de Michel Host, 1996.

AUX ÉDITIONS LE DÉ BLEU

Prix Max-Pol Fouchet (poésie)

Casimir Prat, *Tout est cendre*, préface de Guy Goffette, 1995.

Colette Nys-Mazure, *Le For intérieur*, préface de Daniel Gélin, 1996.

Christian Viguié, *Le Livre des transparences et des petites insoumissions*, préface de Jean Orizet, 1997.

Bruno Berchoud, *L'Ombre portée du marcheur*, préface de Jean-Pierre Lemaire, 1998.

Pierre Rogissart-Seemann, *La Porte de Brandebourg*, préface de Pierre Oster Soussouev (Prix spécial du jury), 1998.

AUX ÉDITIONS DU ROCHER

Prix Prométhée (nouvelles)

Alain Kewes, *Le Geste manqué de l'amant*, préface d'Alain Absire, 1997.

Monique Castaignède, *Chroniques barbares*, préface d'Olympia Alberti, 1999.

Virginie Roussel, *Les hommes sont des petits Poucets*, préface de Christiane Baroche, 2000.

Claire Blanchard-Thomasset, *Femmes d'attente*, préface de Joël Schmidt, 2002.

Roland Fuentès, *Douze mètres cubes de littérature*, préface d'Abdelkader Djemaï, 2003.

AUX ÉDITIONS LE CASTOR ASTRAL

Prix Max-Pol Fouchet (poésie)

Jacqueline Saint-Jean, *Chemins de bord* suivi de *Visages mouvants*, préface de Vahé Godel, 1999.

Rémi Faye, *Fièvre blanche*, préface de Guy Goffette, 2000.

Philippe Mac Leod, *La Liturgie des saisons*, préface de Jean-Pierre Lemaire, 2001.

Régine Foloppe Ganne, *Tributaires du vent*, préface de Jean-Pierre Siméon, 2002.

Philippe Veyrunes, *La Gare levantine*, préface de Claude Mourthé, 2003.

CHEZ D'AUTRES ÉDITEURS

Claude Alibert, *Le Poil de la bête*, roman, prix Prométhée, 1974 (Albin Michel, 1976).

Françoise Poncet, *La Grossesse de Madame Bracht*, roman, prix Prométhée, 1975 (Albin Michel, 1976).

Gil Pasteur, *Noces de sable*, prix Prométhée de poésie mystique et spirituelle (éditions Saint-Germain-des-Prés, 1977).

Jean-Jacques Vigna, Patrick Coudreau, Thérèse Abdelaziz, *La Blessure*, concours Prométhée de poésie mystique et spirituelle (éditions Saint-Germain-des-Prés, 1977).

N.B. – Depuis 1986, le prix Prométhée récompense exclusivement l'auteur inédit d'un recueil de nouvelles d'expression française.

RECUEILS COLLECTIFS INTERNATIONAUX

Aux Éditions du Castor Astral

Max-Pol Fouchet ou le passeur de rêves, textes et photographies, sous la conduite de Guy Rouquet, avec la participation d'Olympia Alberti, José Artur, Marie-Claire Bancquart, Jean Bertho, Yves Berger, Rachid Boudjedra, Jacques Brachet, André Brincourt, Éric Brogniet, Jacques Chancel, Edmond Charlot, Andrée Chedid, Georges-Emmanuel Clancier, Pierre Dumayet, Julien Gracq, Marcel Jullian, Ladislas Kijno, Jean Lacouture, Charles Le Quintrec, Hubert Nyssen, René de Obaldia, Jean Orizet, André Parinaud, Patrick Poivre d'Arvor, Jean Roire, Jules Roy, Claude Santelli, Jean-Pol Stercq, Henri Zerdoun, 2000.

Aux Éditions du Rocher

L'Atelier Imaginaire, nouvelles inédites d'Alain Absire, Olympia Alberti, Dimitri T. Analis, Marie-Claire Bancquart, Christiane Baroche, Marie-Claire Blais, Jean Cagnard, Georges-Olivier Châteaureynaud, Pierre Claudé, Hubert Haddad, Michel Host, Rauda Jamis, Jean-Philippe Katz, Alain Kewes, Vénus Khoury-Ghata, Charles Le Quintrec, Dominique Mainard, René de Obaldia, Ghislain Ripault, Amina Saïd, Jean-Pierre Schamber, Jean-Marc Sourdillon, 1998.

Quelques songes de Prométhée, nouvelles inédites d'Alain Absire, Olympia Aberti, Henri Alloy, Michel Baglin, Marie-Claire Bancquart, Ella Balaert, Christiane Baroche, Jean Claude Bologne, Jean Cagnard, Monique Castaignède, Georges-Olivier Châteaureynaud, Pierre Claudé, Dominique Corazza, Régine Detambel, Abdelkader Djemaï, Michel Host, Alain Kewes, Vénus Khoury-Ghata, Werner Lambersy, Charles Le Quintrec, Jacques Mondin, Jean-Luc Moreau, Viviane Platet, Françoise Poncet, Ghislain Ripault, Amina Saïd, 2001.

Aux éditions L'Âge d'Homme

L'Atelier Imaginaire, nouvelles inédites de Gloria Alcorta, Gilles Archambault, Marie-Claire Bancquart, Christiane Baroche, Tahar Ben Jelloun, Marie-Claire Blais, Georges-Olivier Châteaureynaud, Andrée Chedid, Georges-Emmanuel Clancier, René-Jean Clot, Max-Pol Fouchet, Daniel Gélin, Alain Gerber, Édouard Glissant, Jacques Lacarrière, Charles Le Quintrec, Michèle Mailhot, André Major, Jean-Pierre Otte, Gisèle Prassinos, Frédérick Tristan, Tchicaya U Tam'si, 1987.

L'Atelier Imaginaire, nouvelles inédites de Gloria Alcorta, Gilles Archambault, Christiane Baroche, Tahar Ben Jelloun, Marie-Claire Blais, Andrée Chedid, René-Jean Clot, Annie Ernaux, Pierre Lepape, Charles Le Quintrec, Marius Noguès, Jean-Pierre Otte, Gisèle Prassinos, Annie Saumont, Michel Suffran, Frédérick Tristan, Tchicaya U Tam'si, Jean Vautrin, prélude d'Alain Gerber, 1988.

L'Atelier Imaginaire, poésie ; poèmes et réflexions sur la poésie de Marie-Claire Bancquart, Nicole Brossard, Hélène Cadou, Andrée Chedid, Georges-Emmanuel Clancier, René-Jean Clot, René Depestre, Max-Pol Fouchet, Claude Frochaux, Daniel Gélin, Vénus Khoury-Ghata, Charles Le Quintrec, Robert Mallet, Jean Orizet, Pierre Oster Soussouev, Gisèle Prassinos, Jean-Claude Renard, André Schmitz, Tchicaya U Tam'si, 1988.

L'Atelier Imaginaire, nouvelles inédites de Gloria Alcorta, Gilles Archambault, Christiane Baroche, Marie-Claire

Blais, Georges-Olivier Châteaureynaud, René-Jean Clot, Pierre Gabriel, Michèle Gazier, Alain Gerber, Daniel Grojnowski, Vénus Khoury-Ghata, Jean-Louis Kuffer, Dominique Lemaire, Charles Le Quintrec, Érik Louis, Jacques Mondin, Jean-Pierre Otte, Françoise Poncet, Gisèle Prassinos, Claude Pujade-Renaud, Frédérick Tristan, Daniel Zimmermann, 1989.

L'Atelier Imaginaire, poésie ; poèmes et réflexions sur la poésie d'Adonis, Michel Baglin, Marie-Claire Bancquart, René-Guy Cadou, Hélène Cadou, Andrée Chedid, René-Jean Clot, Max-Pol Fouchet, Michel Garneau, Édouard Glissant, Eugène Guillevic, Yves Heurté, Christiane Keller, Vénus Khoury-Ghata, Charles Le Quintrec, Jean Métellus, Pierre Nepveu, Jean Orizet, Pierre Oster Soussouev, Jean-Claude Renard, André Schmitz, 1989.

L'Atelier Imaginaire, nouvelles inédites d'Alain Absire, Gloria Alcorta, Michel Baglin, Christiane Baroche, Marie-Claire Blais, Michel Cals, Georges-Olivier Châteaureynaud, René-Jean Clot, Max-Pol Fouchet, Pierre Gabriel, Michel Host, Vénus Khoury-Ghata, Pierre Lepape, Charles Le Quintrec, Jean-Pierre Otte, Gilles Pellerin, Gisèle Prassinos, Annie Saumont, Leïla Sebbar, Frédérick Tristan, 1990.

L'Atelier Imaginaire, poésie ; poèmes et réflexions sur la poésie de Michel Baglin, Audrey Bernard, Marie-Claire Blais, Éric Brogniet, Nicole Brossard, Andrée Chedid, Georges-Emmanuel Clancier, René-Jean Clot, Pierre Gabriel, Michel Garneau, Daniel Gélin,

Christiane Keller, Charles Le Quintrec, Jean Métellus, Jean Orizet, Jean-Claude Renard, Pierre Oster Soussouev, André Schmitz, 1990.

L'Atelier Imaginaire, nouvelles inédites d'Alain Absire, Gloria Alcorta, Christiane Baroche, Marie-Claire Blais, Jean Cagnard, Michel Cals, Paul Fournel, Pierre Gabriel, Roger Grenier, Daniel Grojnowski, Hubert Haddad, Michel Host, Érik Louis, Jacques Mondin, Hubert Nyssen, Jean-Pierre Otte, Gilles Pellerin, Françoise Poncet, Gisèle Prassinos, Claude Pujade-Renaud, Annie Saumont, Leïla Sebbar, Frédérick Tristan, Daniel Zimmermann, 1991.

L'Atelier Imaginaire, poèmes inédits de Joëlle Abed, Dimitri T. Analis, Michel Baglin, Marie-Claire Bancquart, Audrey Bernard, Éric Brogniet, Andrée Chedid, Georges-Emmanuel Clancier, René-Jean Clot, Max-Pol Fouchet, Georges Haldas, Christiane Keller, Vénus Khoury-Ghata, Alain Lemoigne, Charles Le Quintrec, Robert Mallet, Édouard Maunick, Jean Métellus, Jean Orizet, Pierre Oster Soussouev, Jean-Claude Renard, André Schmitz, Gilles Vigneault, 1991.

L'Atelier Imaginaire exprime sa vive gratitude à tous ceux qui l'aident à réaliser son projet culturel, et plus particulièrement : la ville de Lourdes, la ville de Tarbes, le Conseil régional de Midi-Pyrénées, la Direction régionale des affaires culturelles de Midi-Pyrénées, le Conseil général des Hautes-Pyrénées, le ministère de l'Éducation nationale, le ministère de la Culture et de la Communication, le Centre national du Livre, le rectorat de Toulouse, l'inspection académique des Hautes-Pyrénées, ainsi que l'ensemble de la presse écrite, parlée et télévisée d'expression française.

TABLE

CET OUVRAGE
A ÉTÉ ACHEVÉ D'IMPRIMER
SUR ROTO-PAGE
PAR L'IMPRIMERIE FLOCH À MAYENNE
EN OCTOBRE 2003

Éditions du Rocher
28, rue Comte-Félix-Gastaldi
Monaco

Dépôt légal : août 2003.
N° d'édition : CNE section commerce et industrie
Monaco : 19023.
N° d'impression : 58267.

Imprimé en France